人は誰もが「知恵者」です。だから成功できます。

簡単な「算数発明」で、あなたの経済をラクに

社団法人 発明学会 会長 東京発明学校 校長

中本繁実

日本地域社会研究所

コミュニティ・ブックス

頭と体の健康のために、脳トレをしませんか⁉
簡単な「算数発明」・「＋－×÷（足し算・引き算・掛け算・割り算）」で、豊富な経験や知識、得意なものが、活きます。
○○の作品が形「製品」に結びつき、夢や希望を与えてくれます。
創意工夫を重ねる熱意が高ければ高いほど、発明者のこだわりが伝わります。
本書を、心も、ふところも、夢も、大きくするバイブルとして活用してください。
学ぶ楽しさ、知る喜び、暮らす楽しさを体感できます。
「頭（あたま）」、「脳（のう）」が活きます。
簡単な「算数発明」で、元気に、笑顔になっていただきたいです。

な

簡単な「算数発明」で、「固い頭」を「軟らかい頭」に！

あなたの素晴らしい○○の作品、多くの人が喜びますよ。

- □お金「ロイヤリティ（特許の実施料）」につながります！
- □「発明コンクール」に入賞できます！
- □特許出願中「ＰＡＴ・Ｐ」でも、形「製品」に結びつきます！
- □１万４０００円「特許印紙代」で、出願できます！

あなたは、「目標」を実現するのは、むずかしい、夢だ、とあきらめていませんか。
毎日を漠然と過ごしてはいけませんよ。
夢を実現させるために、「目標」をたてて、「計画」を練り、「行動」することです。
○○の作品が形「製品」に結びつく、「鍵（カギ）」です。
眠っている、才能「豊富な知識」に、「活（カツ）」を入れてください。

「頭（あたま）」も、「脳（のう）」も、さらに、活躍できる場ができて、喜びますよ。

はじめに

「頭（あたま）」と手と足を思いっきり使ってください。

何時間使ってもタダです。

お金を使わないで、「脳トレ（脳のトレーニング）」ができます。

自然な形で「頭（あたま）」を使っています。

「頭（あたま）」を使うことは、健康の素（もと）です。

「頭（あたま）」と体が健康になります。

笑顔の日々になれます。


そこで、私がおすすめしたいのは、やさしくて、簡単な「**算数発明**」です。

「＋（**足し算**）」、「－（**引き算**）」、「×（**掛け算**）」、「÷（**割り算**）」です。

生活を便利にする「算数発明」を考えていただきたいのです。

しかも、「**算数発明**」は、特別な才能や技（わざ）は、必要ありません。

何年も、何十年もかけて、蓄積してきた、豊富な経験や知識、得意なものが「脳」

につまっているでしょう。それを活用するだけです。それで、「算数発明」ができるからです。

「**算数発明**」を趣味にしませんか。毎日、楽しみながら、ちょっとした工夫、効率を良くするための配慮が、プロでも舌をまく、グッドな「算数発明」を生みます。

いまは、特許などの「知的財産権」を作る時代です。

しかも、特許などの「知的財産権」は、誰でもとれます。

「頭（あたま）」を使って、もう一歩の練り方、磨き方をすれば、成功するチャンスは、老若男女を問わず、誰にでもあります。

○○の作品が、形「製品」に結びつき、実益（お金）、「ロイヤリティ（特許の実施料）」につながります。

「算数発明」で、毎日が楽しくなります。「脳」も、「財布」も、元気になります。

一番は、簡単な、「算数発明」が、「**あなたの経済をラクに**」してくれることです！

「算数発明」が、人や町、村、会社、日本の近い将来の運命を左右するのです。

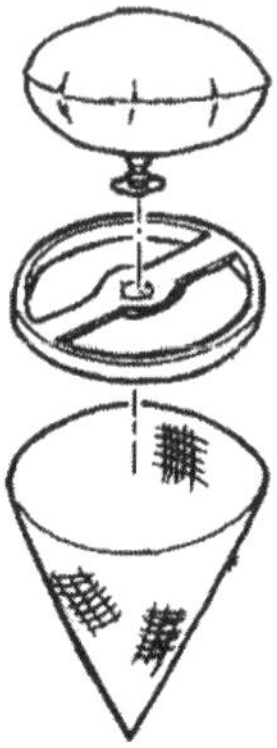

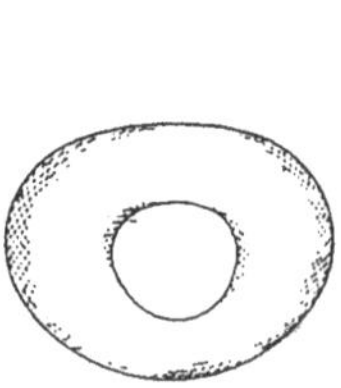

□「＋（足し算）」をしました。

「＋（足し算）」をして、生まれたのが「**洗濯機の糸くず取り具**」です。

「円すい状の網袋」に、「浮き袋」をつけました。

それで、生まれたのが、A「**円すい状の網袋**」＋B「**浮き袋**」＝C「**洗濯機の糸くず取り具**」です。

「ロイヤリティ（特許の実施料）」は、約**3億円**です。

□「－（引き算）」をしました。

「－（引き算）」をして、生まれたのが「**初恋ダイエットスリッパ**」です。

「スリッパ」の「踵（かかと）」をカット「－（引き算）」しました。

年商は、数億円です。売上げの総額が、約**70億円**です。

□「**×（掛け算）」をしました。**
「×（掛け算）」をして、生まれたのが、赤ちゃんが使っている枕を「**ドーナツの形にした枕**」です。

ドーナツの形（大きさ）を、10倍、20倍にしました。

「×（掛け算）」をして、形を「大きく」したのです。

□「**÷（割り算）」をしました。**
「÷（割り算）」をして、生まれたのが「**ミニのホッチキス**」です。

ホッチキスの形（大きさ）を、1／2倍、1／3倍に「小さく」しました。

「÷（割り算）」をして、形を「小さく」したのです。


私たちの身の回りは、便利なものがたくさんあります。

たとえば、「事務用品」、「キッチン用品」、「健康グッズ」、「トラベル用品」、「趣味の分野」など、これらの商品は、みんな、ちょっと、工夫をして、生まれた「作品」です。

ちょっとした「頭（あたま）」の一ひねりから生まれたものばかりです。

あなたの周辺には、現金化（お金）できる予備軍の素材がたくさんころがっています。

最近は、各会社とも、町（個人）の発明家の社外の「算数発明」を歓迎しています。

実際に、町（個人）の発明家、サラリーマン、ＯＬや主婦などの生活感のある作品を採用してくれています。

本書を、特許などの「産業財産権（工業所有権）」を獲得するための入門書として、大いに活用してください。

私は、あなたの○○の作品を形「製品」に結びつけるために「売り込み（プレゼン）」をしたい、「売り込み隊長」です。

「目標」を決めて、一緒に、楽しく、笑顔で、学習しましょう。

それでは、「スタート」しましょう。

大切なところは、何度も繰り返し説明しています。ご了承ください。
「算数発明」で、毎日、元気で、笑顔で過ごして、楽しみましょう。
よろしくお願いいたします。

令和5年　4月18日（発明の日）

中本繁実

もくじ

第4章　心をこめて作った、手作りの「試作品」なら、あなたの思いが伝わる……105

第5章　作品に磨きをかければ、形「製品」に結びつく……145

第1章

簡単な「算数発明」を楽しもう

資金0（ゼロ）円で、簡単な「算数発明」は、誰でもできる

●「不平・不満・立腹・心配・グチ」は、口「クチ」に出そう「喜怒哀楽（きどあいらく）」は、みんな金の卵

いつも、「不平・不満・立腹・心配・グチ」をいってませんか（!?）

……、それは、いいことです。

つい、口に出して、いってしまうのは、なぜだ、と思いますか。

……、それは、人は、誰でも、毎日、身の回りのできごとが気になって、それで、腹をたてたり、いやだ、といった、「不快なできごと」を体験するからです。

「不平・不満・立腹・心配・グチ」は、「算数発明」の素（もと）になります。

……、それは、商品の「課題（問題）」をみつけるのがうまいからです。

イヤだ、と思っていること、その「課題（問題）」を、簡単な「算数発明」で、解決してみませんか。

1.「＋（足し算）」で、あなたの経済をラクにする

●「＋（足し算）」

読者の方も、たとえば、台所で、使いにくくて、気になっている商品、ありませんか。

その「課題（問題）」は、何か（!?）。原因を調べてみましょう。

Ａ「○○」とＢ「○○」を「＋（足し算）」してください。

「＋（足し算）」で、その「課題（問題）」が解決しますよ。

「＋（足し算）」ができない。……、と思っても、手帳に書いて、「＋（足し算）」を試してください。

意外に変わったものができます。それが、「＋（足し算）」の「鍵（カギ）」です。

たとえば、
▽Ａ「完成品」とＢ「完成品」の「＋（足し算）」です。
▽Ａ「完成品」とＢ「部品」の「＋（足し算）」です。

●「算数発明」は、「無から有を作る」ことではない

A「○○」とB「○○」を「＋（足し算）」したら、どうか。……、と考える方法です。創造の基本形です。

「算数発明」は、「無から有を作る」ことだ。……、と思っていませんか。……、違いますよ。「有から別の有を作る」ことです。

▽「＋（**足し算**）」**をしました**。

既存のA「○○」とB「○○」を「＋（**足し算**）」してください。

ちょっぴり変わった、C「A＋B＝C」ができます。それが、「算数発明」です。

行き詰まったときは、「＋（**足し算**）」をしてください。

□**例「消しゴムをつけた鉛筆」**

A「鉛筆」＋B「消しゴム」＝C「消しゴムをつけた鉛筆」です。

「消しゴムをつけた鉛筆」、「**算数発明**」の基本形です。

□**例「シャーボ」**

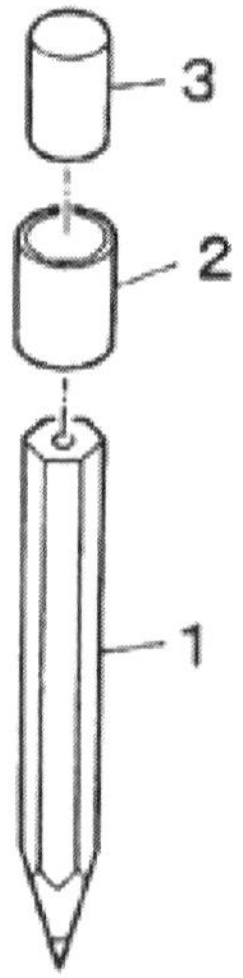

A「シャープペンシル」とB「ボールペン」を「＋（足し算）」しました。

A「シャープペンシル」＋**B**「ボールペン」＝**C**「シャーボ」ができます。

「**シャーボ**」が誕生しました。

□例「パンチキス」

A「穴をあけるパンチ」とB「ホッチキス」を「＋（足し算）」しました。

A「パンチ」＋B「ホッチキス」＝C「パンチキス」ができます。

「**パンチキス**」が誕生しました。

□練習「マイク＋○○」

カラオケが好きな人の中には、マイクを握ったら離さない人がいます。

A「マイク」にB「○○」を「＋（足し算）」してください。

A「マイク」＋B「○○」＝C「○○○○（!?）」ができます。

2.「－（引き算）」で、あなたの経済を「＋（プラス）」にする

●「－（引き算）」をしてみよう

「－（引き算）」をして、「課題（問題）」を列挙する方法です。

「算数発明」の基本は、いまある商品の「課題（問題）」をみつけることです。

その「課題（問題）」に、発想の原点をおくと、素晴らしい作品が生まれます。

たとえば、

▽全体をバラバラにする。

▽一部分をバラバラにする。

▽一部を取り出してみる。

……、などです。

つまり、全体から一部を「－（引き算）」するのです。

□例「側面に穴を設けた包丁」

たとえば、ハムやキュウリを「包丁」で切っているときを思い出してください。

ハムやキュウリを切ったあと、「包丁」の側面にぴったりくっつきますよね。

そのとき、うまくはがれるといいのになあー、と思ったこと、ありませんか。

それを、気にするか、気にしないか、です。

ここは、大切なところです。
▽「－**（引き算）**」**をしました**。
「穴を設けた包丁」は、「包丁」の側面から、穴を数個「－**（引き算）**」をして誕生しました。

日頃、観察をしていたからこそ、気がついたのです。

いままでは、「超ロングセラーの商品」になっています。

あなたが、いま考えている○○の作品は、素晴らしいです。

一緒に形「製品」に結びつけましょう。

一人で悩まないでくださいね。私がお手伝いしますよ。

3.「×(掛け算)」をして「大きく」する

●「×(掛け算)」をして「大きく」してみよう

素晴らしいヒント、素晴らしい答えがみつからなくて、「ウーン」と、考え込んでいませんか。悩んでいませんか。

そういうときは、「×(掛け算)」をしてください。

▽形を「大きく」したらどうなるか、と考える方法です。

案外と簡単に、「課題(問題)」を解決するヒントがみつかります。

いまあるものを、10倍、20倍に「×(掛け算)」をするのです。

▽形は「大きく」なります。

何かをつけ加えてください。

価値、効果を「大きく」する方法です。

普通の商品に対して、「デラックス型」、「豪華版」を売り出すのもいいでしょう。

「キングサイズ」、「お徳用の容器」を作るのも一例です。

●とにかく「大きく」してみる

いや、もっと「長く」したらどうなるか、と考える方法です。
▽「広く」したらどうなるか、と考えるのです。
▽「回数」をふやすとどうなるか、と考えるのです。
▽「強さ、大きさ、高さ、長さ、厚さ」を「拡大」したらどうなるか、と考えるのです。
▽「温度」を「高く」したらどうなるか、と考えるのです。
……、と何でも、3倍、5倍、10倍、100倍に「×（**掛け算**）」をしてみるのです。

そして、形を「**大きく**」するのです。

ルールにしたがって、考えてください。すると、筋道もたってきます。

□例「カップ型の乗り物」

たとえば、コーヒーを飲むカップです。「×（**掛け算**）」をして、形を「**大きく**」しました。

今度は、カップの中に、椅子をつけました。すると、この中に子どもが座れます。

それを動くようにすれば、遊園地などで受けるだろう。……、と考える方法です。

それが、遊園地でみかける、「**カップ型の乗り物**」です。

□例 **「大きくしたテニスのラケット」**

次は、テニスが好きな人が考えた、**「大きくしたテニスのラケット」**です。

ラケットの形を「大きく」したら、球が良く当たるだろう。……、というのです。

□例 **「伸び縮みする貯金箱」**

たとえば、こうです。

◇《**ヒントは、ジャバラ**》

ジュースのストローの首のところに、ジャバラがついています。

それをヒントにして考えたのが**「伸び縮みする貯金箱」**です。

◇《「**×（掛け算）」をする**》

「**×（掛け算）**」をして、形を「**大きく**」したのです。

ジャバラの大きさを、10倍、20倍にしました。

すると、「**伸び縮みする貯金箱**」が誕生しました。

◇《**他に応用する**》

こういった事例を知ると、なるほど、うまいこと考えたなあー、と感心すると思います。

そうですよ。何でも、形「製品」に結びつく、ヒントになるのです。

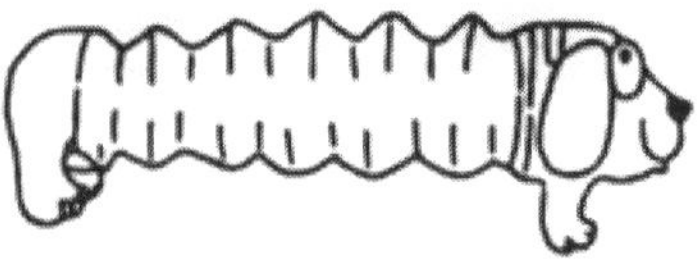

◇《「**伸び縮みする貯金箱**」↓「**ジャバラ式の水筒**」》

そこで、次は、じゃあー、私も、このジャバラを利用して、何か新しい作品を考えよう。

……、といって、チャレンジしていただきたいのです。

たとえば、水筒です。「**伸び縮みする貯金箱**」に「**×（掛け算）**」をして、形を「**大きく**」してください。

すると、「**ジャバラ式の水筒**」を思いつきます。

4.「÷（割り算）」をして「小さく」する

●「÷（割り算）」をして「小さく」してみよう

「〇〇」に「÷（割り算）」をしてください。

形（大きさ）を「**小さく**」したらどうなるか。……、と考える方法です。

いまあるものを、1／5倍、1／10倍に「÷（割り算）」をして、「小さく」することです。

形（大きさ）を「**小さく**」したらどうなるか。

……、といった考え方は、とてもわかりやすいです。

●形（大きさ）を「小さく」した商品をチェックしてみよう

「**軽・薄・短・小**」、この言葉は、いつまでも生きています。

多くの「ヒット商品」が、この考え方を利用しています。

「スマートフォン」、「携帯電話」、「テレビ」、「ビール（缶や小びん）」などがそうです。

「俳句（17文字）」、「盆栽」、「茶室」などもそうです。

「インスタント食品」は、「調理の所要時間を短く」しました。

手近なところでは、
▽「**折りたたみ式の傘**」
▽「**折りたたみ式のノコギリ**」
▽「**折りたたみ式のスケール**」
みんな、形を「**小さく**」したら、どうなるか。

……、といった「算数発明」の定石から生まれたものです。

□例「ゲートボール」

「ゲートボール」の競技が中高年の人の間で、流行っています。

「ゴルフ」だと、広大な土地と自然の芝生が必要です。

その面積を「**小さく**」してください。

すると、公園などの広場で、「ゲートボール」ができます。

さらに、この「ゲートボール」を室内でも、ゲーム盤の上でも、できるように、考えた人がいます。

これは、ちょうど、野球場を「**小さく**」して、野球盤を作ったようなものです。

□例「カード商品」

最近は、「**カード商品**」が流行しています。

薄く、さらに、薄くすることを、すべてに取り入れました。

たとえば、「カードキー」、「カードクリップ」です。

食べ物まで、「カード食品」になりました。

このように、「カード状」にするものは、たくさん生まれてくるでしょう。

□例「軽くする」

「軽くする」というのは、重さだけではありません。

▽「塩を少なくする」

▽「糖分を少なくする」

……、といった「健康食品」なども、そうです。

□例「アメリカンコーヒー」

コーヒーを軽くした「アメリカンコーヒー」も、そうです。

□例「超薄くしたハム」

ハムは、厚みが、厚いです。だから、これをフグのサシミのように、超薄くすれば味もかわる。……、といった商品も出ました。

▽○○を軽くしたら、▽○○を薄くしたら、▽○○を短くしたら、▽○○を小さくしたら、▽温度を低くしたら、▽○○を省略したら、……、と、どんなことについても、1／5倍、1／10倍に、「÷（割り算）」をしてみるのです。

「÷（割り算）」は、あらゆる分野で使えます。

□例「カード型の消しゴム」

ノートに書いている説明文の一部を消したいとき、直方体の消しゴムを使って細かく並んだ文字を消します。

ところが、直方体の消しゴムは、大きいため、必要な文字まで消してしまいます。

そこで、細かいところでも使いやすいように、手帳にはさめて、携帯に便利な長方形の薄いガムのような「**カード型の消しゴム**」を考えました。

小さく（薄く）、小さく（薄く）といって、「**÷（割り算）**」をして、生まれた作品「カード型の消しゴム」です。

□例 小さく（薄く）した、「手が汚れないレモン絞り」

トンカツや紅茶（レモンティ）には、レモンがついています。

カットしたレモンを絞るとき、素手を使います。

ところが、手が汚れるため、ハンカチを使います。

そのとき、手が汚れないで、レモンを絞るには、どうすればいい

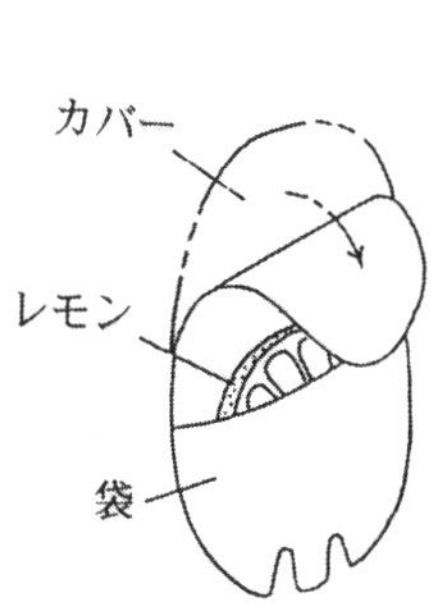

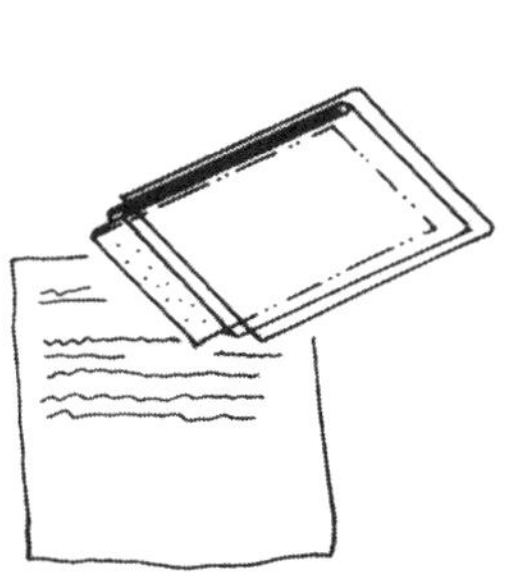

か、と考えるのです。

一枚の紙を円形にし、片面を二重にして、半円のポケットをつけました。ポケットの底の一部をカットしました。

「÷（割り算）」をして、「小さく（薄く）」した、「**手が汚れないレモン絞り**」です。輪切りにしたレモンをポケットに入れ、上部を手前に折り曲げて絞ると、汁がカットしたところから落ちます。これで、手を汚さずにレモンを絞ることができます。

このように、なるほど、と感心する作品は、形「製品」に結びつきます。

5. 簡単な「算数発明」で、明るく、楽しい生活ができる

●考えることは、楽しい

「発想」って、何でしょうか、むずかしく考える必要はありません。

辞書が近くにあったら、「発想」を引いてみてください。

思いつきとか、ある「発想」を説明文にあらわすこと、と書いています。

しかも、「発想」の本は、何十冊も出ています。

どれも、みんな本の中で、新しい作品を生み出す最も能率のいい方法を「発想学」と呼んでいます。「創造工学」といったものもあります。

新しい作品を考えること、すなわち「発想」することは、人間の本能です。

だから、いつも、考えていると楽しくなるのです。

どんなに小さなことでも、思いつきでも、いいのです。

「算数発明」で、新しい作品を考え出すと、本人は、スカッとして、さわやかな気分になります。

……、と主張する心理学者もいます。

●毎日が楽しくて、嬉しくて仕方がない

誰だって、毎日が楽しい、といいたいです。そのためには、前向きに行動することです。

恋愛でも、そうです。前向きに行動すると、素敵な彼女（彼）ができます。

タダの「頭（あたま）」、「脳（のう）」を目覚めさせてください。

大きな夢のある、素晴らしい話を聞いてください。

ワクワク、ドキドキ、ハラハラします。

このヒラメキが、あなたの、近い将来を左右するのです。

来月は、「算数発明」で生まれた、この素晴らしい作品で、「ロイヤリティ（特許の実施料）」が、10万円か、20万円か（!?）

……、ウン、これくらいならできる。……、と「プラス（＋）発想」をするのです。

ハッピーなことだけを考えてください。確実にイキイキします。自然に笑顔になります。

あなた自身も、そのイキイキした笑顔で、10～20％くらいは、確実に若くみえます。

それで、その人は、毎日が楽しくて、嬉しくて仕方がないのです。

●笑顔は、一番、健康になる、一番のクスリ

このように、いいことがあります。

そういうあなたは、さらに、人気者になりますよ。

思いつきの作品を考える。……、というのは、○○の作品が形「製品」になって、「ロイヤリティ（特許の実施料）」をいただきたい。

……、という人が、そのプロセスを楽しむための手段なのです。

素晴らしいじゃないですか。だから、考えることには、不向き、というのはないのです。

ついでに、私の彼女（彼）も最高よ。……、と思ってください。
○○の作品は、最高だ。……、と思ってください。

●「算数発明」の学習は、悩むこともありません。自由（遊）自在でとても楽しい

「算数発明」の学習は、悩むこともありません。

たとえば、数学の学習のように、何時間も、何日も、考えなくても大丈夫です。

入学試験のように、どうしても「問題の解き方」を記憶しなければならない。……、というものでもありません。
▽「＋（足し算）」、▽「－（引き算）」、▽「×（掛け算）」、▽「÷（割り算）」の簡単な計算をするだけで「算数発明」ができます。
最初は、「思いつき」です。だから、自由（遊）自在、とても楽しいです。

しかも、新しい作品を考えれば、そこから、夢がわいてきます。

そして、誰でも、自分が考えた作品は、小さなことでも、愚案であっても、本人は、これは素晴らしい、きっと、近い将来、形「製品」に結びつくと夢をみます。

それは、いかなる賢者でも、知者でも、過大に評価（採点）をします。
人が考えなくなったら、滅亡するのです。

●改善・提案の実績は、すべての成功のもとになる

神様が夢をみさせて、考える楽しさをくれているのです。
現役の人は、職場で、「算数発明」をしてください。
改善・提案の実績を作りましょう。上司に認められます。
「発想」を中心に自分の仕事を考えると、人生は、明るく、夢を追うことができます。
しかも、夢の何十分の一か、実現するのです。
それは、その人の学問のある、なし、は全然関係ありません。
したがって、「発想学」に興味をもてば、人は、誰でも生活が楽しくなります。
新しい作品を考えることが好きになると、物事を発展的に考えるようになります。
すると、悩みも少なくなります。
人生を明るく暮らすことができます。
夢を描き、晴ればれとして、仕事に励むことができます。

それが、すべての成功のもとになるのです。

●次々と新しい作品を提案できる

自分のいまやっていることについて、発想力を働かせてください。

次々と新しい作品を提案できます。

小さな仕事でも、つまらない、と思っている仕事でも、楽しくなります。

辛抱強くなります。劣等感はなくなり、夢がわいてきます。

だから、続けることです。そうすれば、すべてのことに対して、成功がみえてきます。

□就職、安定した企業を希望する

たとえば、就職するとき、多くの人が、将来、安定した企業や有名な**会社**を希望します。

「目標」にすると思います。

でも、入社して、6カ月、1年もすると、どうでしょう。社内の事情がわかってきます。

すごい人が多くて、少々のことでは、認められないこともわかります。

ここで、将来、私は、どうなるのだろう。……、と悩みがスタートします。

でもですね、このような「**マイナス（－）思考**」は、しないほうがいいと思います。

ストレスがたまるだけです。いいことなんて全然ありませんよ。

では、どうすればいいのですか。

「プラス（＋）思考」をするのです。

6.「スケール（ものさし）」に使える「5W1H」

●一つの「スケール（ものさし）」にそって「課題（問題）」を考えると効果がある

「課題（問題）」の答えを出すとき、ぼんやりと、いきあたりばったりではいけません。

素晴らしい答えは出ません。また、能率も悪いです。

そこで、一つの「スケール（ものさし）」を作るのです。

それにそって考えると、効果があります。

それが、**チェックリスト**「5W1H」です。

文章読本でも、記事文を書くときは「5W1H（5つのWと1つのH）」を使います。

◆チェックリスト「5W1H」
□When（いつ）
□Where（どこで）
□Who（誰が）
□What（何を）
□Why（なぜ）
□How（どのように、どれほど）
……、といった意味の「5W1H」を使っています。

新聞記者は、文章を書くときに、この基本形を徹底的にたたき込まれます。

短文でも、長文でも、そうなっています。

大事なことを見落とさないようにするためです。また、書き忘れもなくなります。

このチェックリスト「5W1H」にしたがって、レポートすれば、真相をみつけやすいです。

また、読者が求める事項に対して、書き落とすこともありません。

●商品の「課題（問題）」をみつけやすい

商品の開発の技法は、この「5W1H」を使ってください。
すると、商品の「課題（問題）」をみつけやすいです。
だから、重要視されています。
各会社によっては、次のように「5W1H」の順番を変えています。
言葉を変えて使っているところもあります。

◆具体的な「5W1H」

□Why（なぜ必要か、なぜそうするのか、理由は）
□Where（どこに使うのか、場所、位置は）
□When（いつやるのか、いつ使うのか、時期は）
□Who（誰がやるのか、担当は）
□What（何にするのか、目的は何か）
□How（どのようにやるのか、方法は、手段は）
……、です。

具体的な改善のステップは、次のようになります。

□①**着眼**…問題意識を持ってください。そして、周囲を見回してください。するると、工夫と改善の宝の山です。

□②**調査**…なぜ、なぜ、なぜ、そうなのか、と問いかけを繰り返してください。本当の原因は、もっと後ろに隠されているケースがあります。

□③**着想**…なぜ、何、どこに、いつ、誰が、どんな方法で、いくらかかっているのか。チェックリストで考えてみましょう。

□④**選択**…いろいろな作品を考えて、その中から、最善のものを選び出します。

□⑤**改善の実施**…たとえば、会社なら、上司の承認を得て、実施する内容を事前に関係者に知らせ、スタッフのアドバイスを受けましょう。

□⑥**フォロー**…改善の成果を確認して、成果が安定するまで、フォローして、歯止めをして、標準化しましょう。

第2章

簡単な「算数発明」で、お金になるヒントをつかもう！

「得意」、「大好き」を選ぶ

日頃、「得意」、「大好き」と、思っていること、あらためて、確認してください。
形「製品」に結びつく、確かな道を歩けるように、「科目」の選び方を紹介します。
科目とは、たとえば、「健康の分野」、「仕事の分野」、「台所」や「赤ちゃん」、
「趣味」に関することなど、です。
では、最初に本章をパラパラとめくってください。好きな「科目」を確認しましょう。
どの「科目」を選んでも、楽しいと思います。
だけど、ここでは、とりあえず、「一科目」だけにしてください。
今度は、その「科目」を形「製品」に結びつけるために、研究しましょう。

1. タダの「頭（あたま）」、「脳（のう）」を使えば、生活を楽しめる一週間で、大好きな「科目」を確認しよう

どうすれば、お金を使わなくても、「算数発明」を楽しめますか。
得意で、大好きな「科目」を選ぶのです。
□得意な「科目」です。□大好きな「科目」です。
自信をもって、○○のことなら、私にまかせて！……、といえるでしょう。
それは、その分野の知識が豊富だからです。
だから、背伸びをしなくても大丈夫です。
自然体で、「算数発明」の「科目」に、チャレンジできるのです。
いままで、蓄積してきた知識が活きます。自分で、できることです。
新しい分野にチャレンジするわけではないので、お金もかかりません。
どうですか。世の中に役に立つ、○○の作品が生まれる気がしてきたでしょう。

●「算数発明」は、得意で、大好きな「科目」を選択するだけ

□得意な「科目」でしょう。□大好きな「科目」でしょう。大好きなことです。

だから、いつも、前向きな気持ちになれます。笑顔がふえます。

そして、周りまで、明るくなります。

それでは、さっそく、「算数発明」の「科目」を紹介します。

一緒に学習しましょう。

「算数発明」の「科目」を担当する講師は、そうです。私、中本繁実です。

言葉遊び（ダジャレ）も一緒ですよ。いつでも、どこでも、こんな調子です。

よろしくお願いいたします。

「算数発明」の「科目」は、「火・木（科目）」だけでなく、毎日です。

「算数発明」の「科目」は、小学、中学、高校の学習と違います。

得意で、大好きな「科目」だけを選択して、学習するところが違います。

だからこそ、元気と、やる気が出るのです。

しかも、楽しく、笑顔で、学習ができます。長続きします。

ここに、分野別に、一部の「科目」を一週間分にまとめて、ご紹介します。

多くの分野の中から、得意で、大好きな「科目」を「一科目」、選択してください。

知識がたくさんつまっているタダの「頭（あたま）」、「脳（のう）」がイキイキします。

そして、作品が形「製品」に結びつくように工夫して「**発明ライフ**」を楽しみましょう。

（１）月曜日・「科目」・「健康器具の分野」

いま、会社でも、学校でも、家庭でも、「**ストレス**」が問題になっています。

仕事でも、学習でも、そうですが、いい結果に結びつかないと、つい、「マイナス（－）思考」になってしまいます。

こうしたことが原因の一つになって、人は、健康をそこないつつあります。

したがって、書店には「〇〇健康法」と、いった本が並んでいます。

こんなときは、健康に関する器具を考えるのです。

すると、それが流れに乗ります。そして、〇〇の作品は、形「製品」に結びつきます。

試してみましょう。

「科目」を決めたら、とにかく、大きさ（寸法）を決めて、図面（説明図）を描いて、手作りで、「試作品」を作ってみることです。

最初は、自分で試してみてください。「発明の効果」、すぐに、確認できます。

すると、形「製品」に結びつく可能性が高くなります。

□**例「肩たたき」**

そこで、たとえば、昔からある「**肩たたき**」とか、……。

そうした、身近なものを、近代化するのです。

そして、もう一度、この世に出してみることを考えるのもいいかもしれませんよ。

さて、あなたは、どんな「**健康器具**」を思いつきますか。

……、迷案、珍案でも結構です。思いついたものを書いてみましょう。

□**例「足踏み健康器具」**

▽「＋（**足し算**）」→**ソロバンの「足踏み健康器具」**

たとえば、健康棒にソロバンの玉を入れて、横に数列並べた「**足踏み健康器具**」です。

健康産業が幅をきかせています。

飽食時代、飽物時代となって、いま、誰でも、ほしいものは「**健康**」です。

それで、「健康器具」を「科目」に、決めてもいいでしょう。

それも、本格的な「治療器具」というより、「肩を揉むもの」や「指圧具」のような、身近なものです。

また、「磁石を利用したもの」などです。

□例「青竹踏み」

たとえば、青竹を２つに割った「**青竹踏み**」は、いまでも、多くのファンがいます。

それらをヒントにしてください。

そして、もっとうまい方法はないか。……、といろいろな「**健康器具**」を考えてみるのです。

そうすれば、心も、体も、元気になれます。

自分が丈夫になりたい、と思う点を探してください。

すると、思いついた○○の作品は、形「製品」に結びつきます。

このように、市場は、無限といってもいいです。

(2) 火曜日・「科目」・「履物の分野」

「**靴**」とか、「**サンダル**」とか、「**草履**」などは、比較的、人目につかないところです。

また、「靴」とか、「サンダル」は、「履物の分野」の会社で作ってくれたのを履くだけ、そういう観念があります。

だから、新しい作品のネタもない、と思いがちです。

ところが、実際には、そこが、穴場になっています。

たとえば、泥水が飛びはねしない「**靴**」を考える人もいます。

でも、まだ、なるほど、これは素晴らしい、といえるものがありません。

「**下駄**」でもそうです。「**下駄**」は、もう過去のもの、と見捨てないでください。

意外に残された面があるかもしれませんよ。

「足もとをみよ」と、いう言葉があります。

新しい作品も、一つ、足もとから考えてみてはいかがでしょう。

□**例「掃除ができるスリッパ」**

▽「＋（**足し算**）」→「**スリッパ**」＋「**掃除具**」

たとえば、足に「スリッパ」を装着した状態で、歩行しながら、室内の床面などを「**掃除ができるスリッパ**」です。

歩行しながら、自然に室内の床面などの**掃除**ができると、いいのになあー、と思ったことはありませんか。

運動不足（!?）も解消できて、一石二鳥です。

ときどき、多くの人が体験することだ、と思います。小さな要望です。

ここで、問題意識をもてば、「算数発明」のステップをふみだせます。

そして、考えると気がつくのです。

そこで、「**スリッパ**」の裏面に「**掃除具**」をつければ便利です。

……、と解決案が生まれるわけです。

「**掃除ができるスリッパ**」なら、意識的に室内の床面の清掃をするのではなく、「**スリッパ**」を履いて、歩行をしながら、自然に**掃除**ができます。

……、というわけです。

(3) 水曜日・「科目」・「ユーモアの分野」

いま、テレビや雑誌などで活躍している人は、新しいことを考えることが大好きです。

それが、学者であれ、実業家であれ、芸能人であれ、ほとんど例外なくそうです。

それは、いつも、新しいことを考えていなければ、一流人になれないからです。

ただ、こういう一流人は、どちらかといえば、実利のある作品より、
▽腹をかかえて、笑えるような作品にしませんか。

▽「ユーモア」のある作品を考えませんか。

……、というように「ユーモア」を好みます。

頭がやわらかく、社会を明るくしようとする心が強いからです。

□主婦

主婦は、たとえば、掃除をしながら「迷案・珍案」を出して、「ワクワク」、「ドキドキ」しながら心をはずませています。

□病気を患っている人

病気を患っている人は、たとえば、ベッドの上で、さかんに「迷案・珍案」を出しあって、たくさん笑って、心の明るさをとり戻しています。

□窓ぎわ族

窓ぎわ族は、鉛筆をなめなめ「川柳」を考えるように、風刺的な「ユーモア」のある作品を考えて、ニタリと笑っています。

世の中が不況になると、「地震だ、火事だ、病気だ、消費税だ、増税だ、自殺だ、殺人だ」、などと、どちらを向いても、話題といえば、暗い話ばかりです。

その中に、「ユーモア性」のある「算数発明」が一服の清涼剤になるからです。

□例「人工芝をつけたサンダル」

▽「＋（足し算）」↓「サンダル」＋「人工芝」

多くのサラリーマンは、たとえば、庭つきの１軒家の生活を夢みています。

ところが、その夢もなかなか実現しません。

そこで、少しでも、マイホームの庭の芝を満喫できるような、そんな発想から生まれたのが「**人工芝をつけたサンダル**」です。

昔から珍発明で、笑いをさそうものがあります。

中には、話を聞くだけで、笑ってしまうものだってあります。

たいていは、ある点から飛躍しすぎて考えた作品です。

（４）木曜日・「科目」・「事務用品の分野」

会社の改善・提案制度の係の人から、よく聞くことです。

それは、事務系（文科系出身）の人は、提案件数が少ない、といいます。

そこで、私は、事務系の人を指導するとき「事務用品」の改良をすすめています。

□例「磁石クリップ」

▽「＋**（足し算）**」↓「**磁石**」＋「**クリップ**」

たとえば、オフィスの机や収納棚などは、金属製です。

それで、「釘（くぎ）」が使えません。メモ用紙を吊るすことができません。

困った。……、どうしよう。

……、そんなとき、「磁石」のついた「クリップ」を考えた人がいました。

これが、いま、オフィスなどで使われている「**磁石クリップ**」です。

金属製のホワイトボードに、押しピンが使えなくなります。

それで、紙押さえの「磁石」が流行するようなものです。

むずかしい、大型の事務機の改良は、別として、机上にある「筆記具」、「筆立て」、「パソコンの周辺で使う小物品」、「携帯電話・スマートフォンにつけるもの」などです。

そうしたもので、自分のために、同僚のために、事務の能率を上げるものを考えるのです。

机の前に座ったら、観察眼を光らせてください。仕事も、楽しくなります。

□例「メモクリップをつけたペンホルダー」

▽「＋**（足し算）**」↓「**メモクリップ**」＋「**ペンホルダー**」

たとえば、「**メモクリップをつけたペンホルダー**」です。鉛筆の芯が折れないように鉛筆のキャップがあります。鉛筆（筆記具）は、オフィスでも家でもよく使います。

ところが、いざ使おうとするとき、みつからなくて、困った人も多いと思います。

そこで、キャップを利用して、鉛筆１本でも、目立つようにしたい、と考えたのです。

キャップの先端を球状にしたのです。クリップの突起部の穴の中に、このキャップの球の部分を差し込みます。そして、クリップの部分にメモ用紙をはさみ込みます。

この「メモクリップをつけたペンホルダー」を、机の上とか、電話機とか、メモ板などに、両面テープなどで固定すればいいのです。

これなら、鉛筆（筆記具）やメモ用紙を探すこともなくなります。

（5）金曜日・「科目」・「台所用品の分野」

「台所用品」は、私たちに、一番、身近な商品です。毎日、手がけています。

だから、不便なところも、よくわかります。

最近は、男性が、たまの休みの日など、食事の準備をする人もふえています。

ところが、日頃、台所に入っていないので珍しさも手伝って、よけいに不便なところが目につきます。それで、「台所用品」の改良では、男性の作品も多くなりました。

いずれにしても、作品の「科目」は、簡単な小道具です。

むずかしい技術や知識がなくても、大丈夫です。

大きさ（寸法）を決めて、図面（説明図）を描いて、手作りで、「試作品」も作れます。

「課題（問題）」がみつかれば、すぐに、改良できます。

また、試作しやすいものほど、形「製品」に結びつく可能性が高くなります。

□例「箸置きをつけた割箸」

▽「一（引き算）」→「割箸」の一端に、V字型の切り込みを設ける

たとえば、「箸置きをつけた割箸」です。「割箸」は、とても便利です。

したがって、一般家庭でも、よく使われています。

多くの家庭で、お客さんがきたときは、「箸置き」を用意すると思います。

でも、「割箸」には、「箸置き」がついていません。

また、出張や旅の車中で、駅弁などを食べるときもそうです。

膝の上で、弁当の包装をとき、「割箸」を2つに割ろうとします。

両手が空いていないこともあります。

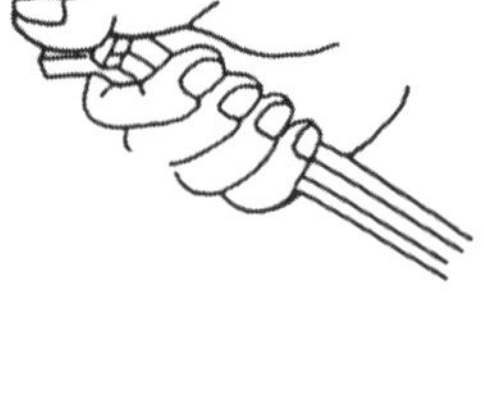

片手では、バランスよく割れなくて失敗することもあります。

そんなとき、男の人は、つい「割箸」の片側を口にくわえて割ったりします。

あまり、カッコがいいとはいえません。

そこで、A「**割箸**」に、B「**箸置き**」をつけて、C「**箸置きをつけた割箸**」の一体にしたらどうか、と考えたのです。

「割箸」の一端に、V字型の切り込みをつけます。

使うとき、V字型の切り込みのところで「パチン」と折れば、2つにキレイに割れて「**箸置きをつけた割箸**」になります。

(6) 土曜日・科目「赤ちゃん用品の分野」

▽**アイデアは愛である**。……、という言葉があります。
○○さん家に「赤ちゃん」が生まれました。
子育てをはじめて体験する二人は、毎日の生活が一変しました。

「赤ちゃん」がいる多くの家庭で、同じようなことを体験していると思います。

そして、子育てを楽しみながら、愛情の深いお母さん、お父さんが、子育てに必要な「赤ちゃん用品」を考えます。

□例「肌着用のハンガー」

たとえば、「赤ちゃん」は、肌着をたくさん使います。

雨の日は、肌着がなかなか乾きません。

そういうとき、なんとかならないか、と母親の優しさを発揮するのです。

そして、「**肌着用のハンガー**」などの改良にチャレンジします。

このように「赤ちゃん」のものは、無限に考えられます。

さあー、あなたも、思いっきり、自分の「赤ちゃん」や親戚の「赤ちゃん」、友人の「赤ちゃん」を観察してみてください。

ヒントがたくさんみつかると思います。

参考に「赤ちゃん」が使う商品を紹介しましょう。

代表的なものに、□「哺乳瓶」、□「茶碗」、□「抱っこ紐」、□「ベビーカー」、□「おもちゃ」

……、などがあります。

このような商品の改良案を思いつくまま、次々にメモをしてください。

(7) 日曜日・「科目」・「趣味の分野」

あなたの「**趣味**」は、何ですか、と聞かれたとき、1つくらい、○○です。……、と答えるでしょう。たとえば、「**旅行、園芸、魚釣り、ゴルフ**」などが趣味です。

仕事が忙しい人ほど、趣味も、また、広いといわれています。

また、ＩＴ（情報化）社会になればなるほど機械化が多くなります。

すると、趣味も広くなります。内容も、多様化していきます。

そして、その道のためには、お金も使うでしょう。

実施に練習をして、プロに近い域に達している人もいます。

▽「**植木の好きな人**」が、旅行中、水をやらなくても大丈夫です。……、という「**管**」を考えました。

▽「**釣りの好きな人**」が、夜光塗料を塗った「**浮き**」を考えました。

□**例「回転練習器」**

▽「÷（**割り算**）」↓**ゴルフの練習用に**「**小さく**」**した**「**回転練習器**」

「ゴルフ」好きの人は、どうすれば上達するか。……、といろいろな小道具を考えます。

すると、それは、必ず、役に立ちます。形「製品」に結びつくでしょう。

「ゴルフ」の「**回転練習器**」などは、まさに、その好例です。

練習用に「小さく」しました。

そこで、提案したいことは、「趣味の分野」の中から、同じ趣味をもつ人のために、こんなものがあったら、上達も早いし便利だ。

……、というものを考えては、どうか、ということです。

2. こうすれば、豊富な経験や知識、得意なこと、大好きなことが、お金になる

●「初歩の町（個人）の発明家と一問一答」

豊富な経験や知識、得意で、大好きな「科目」を選択しました。

そして、「算数発明」の学習を「スタート」しました。
○○は、得意です。大好きな「科目」です。
「算数発明」の学習は、夢があります。とても、楽しいです。

でも、他の人（第三者）の「算数発明」のまとめ方が気になります。教えてください。……。

それでは、ある日の、私（先生）と初歩の発明家（生徒）の問答の一部です。ご紹介しましょう。

先生……あなたは、毎日の生活の中で、たとえば、スーパーで、買い物をしているときに、▽スーパーで、買った商品を入れやすい「**エコバッグ**」を思いついた。……、とか、電車に乗るとき、▽駅の改札口は、自動改札です。「**自動改札用の定期（カード）入れ**」は、こうすればよかった。

……、といった、「思いつき」を生み出して、小さな喜びを感じていませんか。

生徒……自分では、その「思いつき」は、素晴らしい、と思いながらも、それだけで、終わっていました。

その場かぎりでした。そして、多くの場合、捨ててきました。

先生……その「思いつき」には、大変な財宝や幸運がかくされていますよ。

生徒……では、どうすれば、形「製品」に結びつけられますか。

先生……簡単な「算数発明」の楽しさを、教えたくて、本書を書きました。

生徒……その内容を具体的に、教えてくれるのですね。

先生……そうです。「思いつき」を捨てないで、次の「思いつき」を引き出すのか、世の中に、役に立てるのか、深めていくのか。

そして、それを実行していく道すじが、どんなに楽しく、生きがいがあるのか。

そのうちに、お金と名誉が、どうしたら、ついてくるのか。

こういったことについて、説明しましょう。

生徒……それを、感じとればいいのですね。

先生……形「製品」に結びついた作品の道すじの定石を知ってください。

そして、同じように実行していただきたいのです。

「算数発明」の学習がいやにならないように、特許の専門用語について、表現を、初心者向きに、やさしく書きました。

生徒……やさしく、簡単だ、といわれても、言葉も、用語も、内容もむずかしそうで、とても、心配です。それでも、ついていけますか。

また、「算数発明」を創作している途中で、特許庁（〒１００－８９１５　東京都千代田区霞が関３－４－３）に出願の手続きがありますが、初心者でもできますか。

先生……もちろん、大丈夫ですよ。権利をとる、というのでなく、恋人ができました。結婚しました。子どもが生まれました。

それを、役所に届けて、夫婦、親子になるように、その届けによって、愛情を、５倍、10倍にたかめてください。

それに、エネルギーをそそいでいただきたいのです。

生徒……小さな「思いつき」で、心も、ふところも豊かになって、夢も大きく育ち、いつも、楽しい、毎日になりそうな気になってきました。

先生……そうでしょう。本書は、心も、ふところも、夢も、大きくするバイブルです。大いに活用してください。

3. ものの見方、考え方、方法を、少しだけ、変えてみる

●○○の作品を考えているとき、「型」に、はめなくてもいい

「算数発明」で、○○の作品を考えているとき、うまくいかないときがあります。
そのときは、ものの見方、考え方、方法を、少しだけ、変えてみるのです。
もちろん、作品の内容について、批判をしてはいけません。
だから、「プラス（＋）発想」をしてください。

□題材「＋（足し算）・1＋1＝2」

たとえば、簡単な計算でも、そうです。
「＋（足し算）」の「1＋1」は、「2」ですよね。
数学の世界では、「1＋1＝2」なのだ、と「1＋1＝2」になるのだ。
……、と優しい先生に自然な形で、教えていただきました。
「＋（足し算）」の、「1＋1＝2」だ、……、と誰でも思っています。
物理の法則でも、定理でも、みんなそうです。

私たちの大先輩が大変な苦労をされて、確立したものです。

だけど、こうした既成の概念を、そうだ、と思い込んでしまったら、新しい作品は生まれません。

このように、型にはまった、固い頭から、ユニークな作品は、生まれない。

……、といわれるのです。

□題材「ミシン用の針」

たとえば、「ミシン用の針」です。針に糸を通すための孔は、針の上部にあるものだ。

……、と決めていたら、下部に孔を開けた、「ミシン用の針」は、生まれなかったでしょう。

そうです。どんなに確立された法則でも、○○を○○にしたら、といったトッピな仮説をつけ加えてみるのです。

こういったヘソマガリ的な仮説を、大いに利用することです。

実行してみてください。必ずしも、法則どおりの結果にはならない。……、ということが発見できます。

●いつでも、新しい商品の開発が必要

日本は、土地も、資源もない国です。他の国の変動によって、一喜一憂を余儀なくされています。だからこそ、いつでも、新しい商品の開発が必要です。

会社でも、官庁でも、改善、提案に力を注いでいます。

○○を○○にしたら、……、といった考え方を、○○の作品にあてはめて、試していただきたいのです。

具体的な「課題（問題）」を解決する方法がみつからないときがあります。

そういうときは、悩む前に、ものの見方、考え方を、少しだけでいいです。変えるのです。

□結婚して、「赤ちゃん」が生まれると「1＋1＝2」じゃない

そうか、結婚して、「赤ちゃん」が生まれると「1＋1＝2」じゃないですよね。

では、ここで、結婚式の話です。頭の体操です。おつきあいください。

▽結婚式の新郎、新婦のカップルのアツアツの二人の温度は、何度

突然ですが、……、結婚式の新郎、新婦のカップルは、アツアツです。

本当に熱いです。このアツアツぶりを温度にたとえてみてください。

さて、この二人の温度は、何度だ、……、と思いますか。

ウーン、何度だろう。……、と考えます。
二人は、新鮮なカップルです。鮮度がいいでしょう。
だから、答えは、鮮度（１０００度）です。
いつまでも、新鮮で、鮮度を保っていただきたいからですよ。
▽喧嘩をしたとき、……、仲直りのコツは
では、喧嘩をしたとき、……、仲直りのコツはありますか。
ハイ、ありますよ。
まず、冷静になりましょう。そして、冷蔵庫の前に、二人で行ってください。
冷蔵庫の中から、角氷を2つ、取ってください。
その氷を透明なコップの中に入れてください。
では、テーブルに座ってください。このコップを二人の間に置いてください。
コップを見つめてください。……、角氷は、いくつ入っていますか。
……、二人は、ニコ（2個）ッと、するでしょう。
では、氷を見てください。とけていっているでしょう。
角（かど）が取れて、マルくなるのです。

そうです。氷はコップの中です。だから、ウチトケルのです。

これで、仲直りできたでしょう。

そして、氷だけにアイスて（愛して）いるよ。……、といってください。

喧嘩の原因も、問題がとけます。氷もとけます。……、水に流しましょう。

このように考えることは、自由（遊）です。すると、何でも思いつくのです。

先生は、本当に冗談が好きですね。

……、そうですよ。いつも、ものの見方を変えているからです。

2段ベッドを利用するときは、いつも、上段（冗談）です。

スポーツなどで表彰されるときだって、表彰台の上段（一番で、金メダル）がいいでしょう。

知識や特技を眠らせたままでは、いけません。とにかく、そのままにしておくなんて、もったいないです。それでは、世の中の役に立ちませんよ。

一番、得意で、大好きな「科目」にチャレンジすることです。

そうすれば、自慢の特技が活きます。ムリをすることもありません。自然体でまとめられます。笑顔、笑顔の毎日になれます。だから、「**算数発明は誰でもできる**」のです。

▽「**ハート形の可愛い容器**」

……、を考えて、彼女（彼）の心を引きつけたい。……、と考えることです。

すると、すべて、いい方向にもっていけます。

たとえば、職場、学校などで、人気がある人は、みんなが喜んでいただけることを、いつも、自然体で、考えているのです。だから、もてるのです。

こういった、嬉しいことは、仕事でも、家事でも、受験のための学習でも同じです。

「算数発明」、いつも、「プラス（＋）発想」ができます。

不景気な世の中を乗り越えることができます。

4.「算数発明」がお金になる、決め手

●決め手となるポイントは、「科目」に対する、豊富な経験や知識

▽近い将来、○○の作品は、形「製品」になりますか（!?）

▽ロイヤリティ（特許の実施料）に結びつきますか（!?）

気になりますよね。その、「決め手」となるポイントは、**□「科目」に対する、豊富な経験や知識です。□得意で、大好きなことです。**

学生のとき、得意で、大好きな「科目」なら、何時間も、何日も、夢中になって学習したでしょう。それでも、あきなかったでしょう。

日頃、自信をもって、○○のことなら、私にまかせて！　といっているでしょう。楽しかったハズです。イキイキしていたハズです。

逆に、嫌いな「科目」は、どうでしたか。時間も長く感じたし、学習するのがつらかったハズです。

今度は、その、得意で、大好き、……、を「算数発明」に活かしていただきたいのです。

□お金を使わなくても、「算数発明」は楽しめる

どうすれば、お金を使わなくても、「算数発明」を楽しむことができますか。

それは、一番、得意で、大好きな「科目」を選ぶのです。

日頃、自信をもって、○○のことなら、私にまかせて！　といっているでしょう。

そういえるのは、得意な分野で、知識が豊富で、大好きなものだからです。

背伸びをしなくても、自然体でチャレンジできます。

だから、お金を使わなくても、「算数発明」を楽しむことができるのです。

□いつも、「頭（あたま）」、「脳（のう）」の体操

先生、「算数発明」の「科目」に、ついていけるか、……、不安です。
そうか、じゃあー、ここで、少しだけ、発明の「科目」、休憩（球形）しましょう。
ウーン、急に暑くなりましたね。ビールも美味しいけど、スイカも美味しいです。
カードのスイカ（ｓｕｉｃａ）じゃないですよ。わかっていますよ。
……、といわれそうですね。西瓜（すいか）の形は、球形（休憩）です。
球は、どこから見ても、〇（マル）です。
いいですよね。どんなことがあっても、いつも、まるくおさまってくれます。
もうすぐ、夏休みです。楽しい計画をたてている人も多いでしょう。
球か（休暇）の話だったのですね、……。急（球）にくるからおかしいと思った。

5. 最初の「目標」は、小さくていい、確実に形「製品」に結びつけよう

●得意で、大好きな「算数発明」の「科目」は、いい点がとれる

○○は、素晴らしい作品です。しかも、形「製品」に結びつく、スグレものの作品です。

……、といいたいでしょう。そのとき、一番、大切なことがあります。

それは、何でしょうか。……、「科目」の選び方です。

▽大きさ（寸法）を決めて、▽図面（説明図）を描いて、▽手作りで、「試作品」が作れて、

▽テスト（実験）ができて、▽「発明の効果」が確認できる作品を選ぶことです。

そうすれば、形「製品」に結びつきます。

□学生のとき、得意で、大好きな「科目」の試験は

いつでも、いい点数がとれたでしょう。

試験のために学習した時間だって、楽しかったでしょう。余裕もあったでしょう。

□不得意な分野（嫌いな科目）」は

どうでしたか（!?）学習することがいやで、点数は、いつも、赤点ギリギリでした。

……、という人もいると思います。

「算数発明」の「科目」でも、同じですよ。得意で、大好きな「科目」を選ぶのです。

「不得意な分野」を「科目」に選んでしまったら、さあー、大変です。

その理由ですか。

その分野の技術や知識がないからです。テストの結果、点数は、赤点です。

それでは、人に頼らないと、「課題（問題）」が解決できません。すると、お金がかかります。

だから、いくらがんばっても、結果は、労多くして、得るところが少ないです。

●「算数発明」の成功率「商品化率」は、女性が高率

先生、質問してもいいですか。

……、男性と女性では、どちらが、成功率「商品化率」は、高いですか。

その理由も、教えてください。

……、私のデータでは、成功率「商品化率」は、男性よりも、女性の方が高率です。

その理由を調べてみました。簡単なことでした。

多くの男性は、○○の作品で、何百万円も、何千万円も、儲けよう、と考えています。

また、男性は、お金のことから考えてしまう、悪いクセがあります。

目の前の大切なものを見落としているのです。

自分の力以上の「科目」にチャレンジして、大儲けを狙うからです。

野球でいえば、初打席から、カッコ良くホームランをかっ飛ばそう。……、と大きな「目標」をたてます。夢のアーチを描いているのです。

その結果、大振り三振、……、尻もちをつく。……、といったケースが多いようです。

それは、野球だけの話ではありませんよ。

□女性は、手が届きそうな「目標」をたてる

女性の作品は、生活感があります。優しさがあります。それが中心になっています。

優しい旦那様やカッコいい彼のために、たとえば、「**タイピンのいらないネクタイ止め**」を考えます。

それで、月々、数万円の小遣いが入れば大喜びだ、といった小さな「目標」をたてているのです。

だから、形「製品」に結びつきやすいのです。

つまり、野球でいえば、シングルヒットが「目標」です。短打主義です。

そのどちらがいいか、簡単には決められないでしょう。

だけど、短打主義のほうが、確率が高い。……、ということはいえます。
□**男性は、大きな「目標」をたてる**
最初から、思いついただけの作品なのに、すぐに、形「製品」に結びついて、ヒットすると思ってしまうのです。

たとえば、カラオケが大好きなサラリーマンの人がジョッキにマイクをつけた、「**マイクをつけたジョッキ**」を考えました。

すると、「**マイクをつけたジョッキ**」が、すぐに、ヒット商品に結びつくと思ってしまうのです。

野球でいえば、最初から、格好よくホームランをかっとばそう。……、とするのです。

大きな「目標」をたてるのです。

したがって、大振り三振、尻もちをつく、といったケースが多いようです。
□**作品は、小さなものが、形「製品」に結びつきやすい**
ここで、もう一つ、「算数発明」を紹介しましょう。

たとえば、自動車に関連した作品です。

車内で使う「**飲料水の容器の保持具**」と、「**環境にやさしい自動車のエンジン**」です。

それを比べてみましょう。

一つは、自動車の車内に、飲料水の容器を置くところを作りたい。

そこで、針金を使って、「飲料水の容器の保持具」を作っては、……、といった作品です。

もう一つは、「環境にやさしい自動車のエンジン」を考えました。……、といった作品です。

それを比べてみてください。

□例「飲料水の容器の保持具」

「飲料水の容器の保持具」は、同じ自動車関連でも、作品が小さな「目標」でしょう。

だから、形「製品」に結びつきやすいのです。

□例「環境にやさしい自動車のエンジン」

自動車のエンジンのように、専門的で、高度で、技術的な内容になると、大きさ（寸法）を決めて、図面（説明図）を描いて、手作りで、「試作品」を作り、「発明の効果」を確認する。

……、というわけにはいきません。

大がかりなものは、町（個人）の発明家では、なかなか具体化できない領域です。

やはり、小物の工夫のほうがはるかに現実的です。

だから、確実に形「製品」に結びつく作品にしぼることです。そして、実績を作るのです。

いつも、楽しみながら、シングルヒットを狙ってください。

すると、自然な形で、カッコ良くホームランも、打てるようになります。

●自分は不器用だ、と思っている人

最初は、確実に形「製品」に結びつくように、「目標」をぐっと小さくしてください。

そして、大きさ（寸法）を決めて、図面（説明図）を描いて、手作りで、「試作品」を作ってください。

テスト（実験）をしてください。「発明の効果」を確認してください。

それから、本当に使ってみたい。……、と思う範囲にしぼってみることです。

たとえば、野球です。最初は、確実にヒットが打てるように、シングルヒットをねらってください。

すると、いつのまにか、二塁打も、三塁打も、ホームランも、打てるようになっています。

6. 得意で、大好きな「科目」だけを学習して、毎日を楽しもう

●「算数発明」を楽しみながら、毎日、考えることを、継続しよう

これから、「算数発明」を、毎日、楽しみながら、学習ができますね。

□「ノート」と「筆記具」を準備する

準備するものは、「ノート」と「筆記具」だけです。思いついたことを書くためです。

得意で、大好きな「科目」なら、毎日、楽しみながら、学習ができます。継続できます。

たとえば、トイレの中では、必ず、作品を出そう。……、と決めるのです。

そして、「ノート」と「筆記具」を吊るしておくのです。

また、通勤電車の中では、会社に提案する作品を考えよう。……、と決めてください。

すると、誰でも続けられる、と思います。

▽○○の作品は、どうすれば、形「製品」に結びつきますか。

毎日、タダの「頭（あたま）」、「脳（のう）」をフル回転するのです。

「算数発明」を楽しみましょう。そうすれば、○○の作品は、6カ月、1年もしないうちに、

形「製品」に結びつきます。

だけど、中には、続けられなくて、すぐに、休憩する人がいます。

ここで、もう一度、「□確認」です。「□チェック」です。

▽本当に、得意で、大好きな「科目」ですか。

▽本当に、形「製品」に結びつけたい。……、と思っていますか。

たとえば、こんな感じです。友人の○○の作品が形「製品」に結びつきました。

それで、毎月の「ロイヤリティ（特許の実施料）」が、十数万円になったことを知りました。

すると、また、一時、ハッスルします。そして、３日、４日は、考えることを続けます。

だけど、ここで、また、休みます。

そして、１カ月も、２カ月も、そのままにするのです。

また、次の「算数発明」の成功談を聞いて、ハッと、馬力をかけます。そのくりかえしです。

……、と答える人がいます。それでは、いい結果には、結びつかないでしょう。

□悪い案も出せない人に、どうして、よい案が出せますか

ここで、真珠王の御木本幸吉氏の言葉を紹介しましょう。

私は、真珠については、「世界一」です。

私や私の部下が考えた作品を合計すると、3万件以上です。

そして、特許などの権利がとれたものが、約2000件です。

しかし、形「製品」に結びついた作品は、その中の、13件から14件です。

単純に計算をしてみると、2万9986件までは、迷案の部類になり役にたっていないことになります。

ところが、この迷案が土台になって、私は、真珠王になったのです。

したがって、まず、「よい」、「悪い」にかかわらず、たくさんの作品を生み出すことです。

悪い案も出せない人に、どうして、よい案が出せますか。


まさに「名言」です。

とにかく、最初は、「算数発明」の量、量、量ですね。

よくわかりました。

学校の成績は、量「良（B）」よりも、「優（A）」がいい、なんていわないでくださいよ。

第3章

豊富な経験や知識、得意なことは、いいことに「プラス（＋）」に使う

誰でも、最初のころ、いろいろな「作品」に興味を示す

○○さんが、選んだ「科目」は、「趣味の分野」です。
……、と聞いていました。

ところが、○○の作品にも、興味があるそうです。

「しゃもじ」、「名刺入れ」、「カード入れ」、「スリッパ」、「スポーツの用具」です。

……、誰でも、最初のころ、いろいろな「作品」に興味を示します。また、気にもなります。

だから、思いつくまま、「科目」を決めずに、商品の改良に、チャレンジするのです。

そういう人は、将来、○○の作品が形「製品」に結びつく人です。

でも、６カ月、１年で姿を消します。

どうしてですか。

……、○○さんは、先月、台所で使う器具に、チャレンジしていました。

すると、いつのまにか、「運動用具」の改良に、夢中になっています。

思いつくまま、嬉しい夢をみて、胸をふくらませています。

だけど、それが、計算どおりには、いかないのです。

1．「科目」を、早めに、どれか一つ、決めよう

●取り組み方が、中途半端では、いい結果につながらない

「算数発明の浮気」は、トレーニングとして、体験してもいいと思います。

「浮気」は、新しい作品を考えるときも、「恋愛」も、同じです。

……、なぜですか。その理由を、「算数発明」の先輩が教えてくれました。

「算数発明の浮気」は、取り組み方が、中途半端で、真剣に考えていないのです。

だから、いい結果につながらないのです。

それで、自分には、才能がないのか、……、と思って、自信をなくすのです。

「算数発明」が、ある一定の水準に達したら、6カ月、1年と続けられる「科目」が必要です。

中心になる「科目」を一つにすることです。いわゆる、「一人一テーマ一研究」です。

恋愛でも、気になる人は、ある時期までは、何人いてもいいと思います。

八方美人、といわれてもいいでしょう。

……、でも、そろそろ、本命といえる人、を決めましょう。

相手の方も、気になっていますよ。

ここで、もう一つお願いがあります。

□カッコ良く、大好きな「科目」の○○の作品の研究をしよう

カッコ良く、大好きな「科目」の○○の作品の研究をしているときは、「プラス（＋）発想」をしてください。

プラス（＋）に考えられないときは、プラス（＋）ドライバーを使って、大きさ（寸法）を決めて、図面（説明図）を描いて、手作りで、「試作品」を作ってください。

そんなとき、乾電池は、プラス（＋）とマイナス（－）で、バランスが取れています。

……、といわれそうですね。

だけど、……。大人でも、子どもでも「ほめられる」と嬉しいです。

だから、やる気も、元気も出ます。

良くやったねー、とほめてあげましょう。

良くやった！　良くやった！

……、といって、声援（１０００円）を送っていただきたいです。

ご声援（５０００円）もいいですね。

2．Uターンで、考えると、悩みがなくなる、「Uターン思考」

●便利なものが多くなっても、「不平、不満、立腹、心配」のほうが多い

具体的な「課題（問題）」をみつけるには、どうすればいいですか。

……、といった質問を受けます。

私は、「Uターン思考」の考え方を教えています。

ある現象から、「腹がたつこと」や「悩みが生じること」もあります。

そういうときに、□どうしたら、腹がたたないようになるか。
□どうしたら、腹がたたなくなるか。……、Uターンで、考える方法です。
私たちの毎日の生活は、便利になっています。

ところが、世の中が、進めば進むほど、ああ、良かった。……、といえることが少ないです。

逆に、ああ、いやだー。ああ、面倒だー、腹がたつ。

……、といった「不快なできごと」のほうが多くなっています。

会社にいる時間だって、ああ、楽しかった。……、といったことより、「不平、不満、立腹、心配」のほうがずっと多いと思います。

そこに、具体的な「課題（問題）」があるからです。

たとえば、

▽駅の階段で、ころんでケガをしました。

▽電車のドアに指をはさまれました。

……、そうしたことが原因です。

□メモから、具体的な「目標」が浮かんでくる

日記をつけるように、その日にあった、「不平、不満、立腹、心配、……」などの「不快なできごと」を書いていただきたいのです。

個条書きでいいです。書く習慣をつけていただきたいのです。

さあー、ここで、一つ、起きてから、寝るまでに、「不快なできごと」がなかったか。

……、「不」がつくこと、みつけませんか。困ったことを書いておくのです。

すると、このメモがだんだんと熟成します。

それが、素晴らしい作品に発展していくのです。

その中から、どれか一つを選ぶのです。

その次に、まて、まて、どうしたら、腹がたたないようになるか（!?）……、といったように、Uターンで、考えるのです。

すると、具体的な「目標」が浮かんできます。

●うまくいかないときは、なぜ、と疑問を投げかけてみる

▽まさか……まさか、が起こったら、必ず、それをとらえてください。そして、
▽なぜ……なぜ、と疑問を投げかけてください。
「Uターン思考」で、考えるといいと思います。すると、効果は、すぐに出ます。

そうすれば、「課題（問題）」がみつかります。

その中に、自分にふさわしい「科目」があります。

□Uターン禁止の区域はない

「Uターン思考」は、車道のように、Uターン禁止の区域はありません。

いつでも、どこでも、自由に、Uターンしてください。

恋愛でも、うまくいかないときがあります。

それは、何か、「課題（問題）」があるからです。

そのときは、まて、まて、どうして、うまくいかないのかなあー。

……、といって、一歩下がるのです。

そして、考える時間を作りましょう。

少し休憩しましょう。すると、いい方法がみつかります。

3. いま、一番に取り組む「科目」は、得意な分野

●大好きな「科目」を選ぶのが、形「製品」に結びつく一番の近道

先生、質問してもいいですか（!?）

……、「科目」を選ぶとき、注意することがありますか。

大きさ（寸法）を決めて、図面（説明図）を描いて、手作りで、「試作品」が作れる作品の「科目」

を選ぶことです。そうすれば、手作りの「試作品」で、便利になったか、テスト（実験）ができます。効果が確認できます。

……、○○の作品を形「製品」に結びつけるために、大切なことがあります。

その一番は、得意な分野で、大好きな「科目」を選ぶことです。

大好きな「科目」だったら、内容を得意になって、何時間も話すことができるでしょう。

そのことについて、人よりも、その分野の知識が豊富だからです。

大好きな「科目」なら、自慢できます。

素晴らしい恋をするときだって、同じです。

恋愛だって、結婚だって、特別なものでなく、普通でいいのです。

たとえば、大好きな人に、
▽私は、料理を作るのが大好きです。
▽料理を作ってきました。一緒に食べませんか。
……、といっていただきました。

あなたは、どちらが好きですか。

答えは、簡単でしょう。

理想が高すぎると、……、大変です。労多くして、得るところが少ないからです。

自分の技術や知識、その作品にかけられる時間とお金、協力していただける友人の数です。

そうしたものを、総合的に判断するのです。

素晴らしい結果に結びつかないと、イヤでしょう。片思いでは、淋しいでしょう。

●○○の作品は、自分の知識で、「課題（問題）」を解決できる、身近なものを選ぶ

先生、質問してもいいですか（!?）

……、「テレビ」は、身近にある商品です。「テレビ」の改良にチャレンジしてもいいですか。

「テレビ」ですか、気になる商品の一つですよね。

だけど、ここで、注意していただきたいことがあります。

それは、たとえば、身近な、ということを、「テレビ」、「パソコン（IT）関連」、「携帯電話」、「スマホ（スマートフォン）」などは、身近にあるから改良しよう。

……、と考えてはいけませんよ。……、といったことです。

その分野の技術を学んできた人、学んでいる人は、別ですよ。

ここは、町（個人）の発明家が「テレビ」の技術について、知識がないのに、新しい形のテ

レビを作ることにチャレンジしたい、といっている、思いつきの話です。

「テレビ」の電子回路の学習をしたことがない人が、部屋のコーナーにおきやすいように、外形を○○の形にすれば、部屋を有効に使えます。

……、といったものを考えた、としましょう。

部屋を広く使える効果があります。だから、着眼点は、いいと思います。

ところが、その分野の知識がないのです。それでは、残念ですが、「課題（問題）」が解決できなくて、技術のカベにぶつかってしまいます。

「課題（問題）」を解決するためには、電子回路や内部の構造（しくみ）をどうするか。

……、といった「課題（問題）」が残るのです。

▽効果を確認しながら、「課題（問題）」を改良できる範囲内にあるもの

先生、質問してもいいですか(!?)

……、○○の作品を形「製品」に結びつける、というのは、単なる思いつきではいけませんか。

……、「課題（問題）」を解決する手段がわかっていない。それでは、先にすすめません。

これは、どこまでも、自分の力で、大きさ（寸法）を決めて、図面（説明図）を描いて、手作りで、「試作品」を作り、テスト（実験）をして、効果を確認しながら、「課題（問題）」を改良できる範囲内にあるもの、……、という意味です。

数学の問題にたとえると、その問題の解き方を説明できる。……、という意味です。

高校、大学の進学を決めるときもそうです。○○高校、○○大学に入学したい。

……、と思うのは自由です。

その前に、突破しなければならない「問題」があります。それは、「入学試験」です。

▽○○の作品が形「製品」に結びつくまでの道のり

先生、質問してもいいですか(!?)

……、○○の作品が専門的で技術がむずかしいです。

そのときは、どうすればいいのですか。

……、難問にチャレンジすると、答えが出るまでに、何カ月も、何年も、かかります。

とりあえず、お金をかけないで、創作した事実を残すことからスタートしましょう。

公証役場、郵便局の切手の消印などが利用できます。

その間に、自分の創作力や創造力をやしなってください。

そうすれば、いいものができます。思いつきの作品をまとめることができます。

それから、特許などの「知的財産権」の取得に向かうほうが経済的で、「算数発明」を楽しみながら、長続きできる戦略です。

4．「同じ系統、技術分野」なら、「情報」も集めやすい

●○○の作品に関連した「情報」を集めよう

ときどき、次のような内容の相談を受けます。
相談された内容（発明の名称など）は、実物とことなりますが聞いてください。
▽先生、私は、こんなに便利で、針の残量がわかる「ホッチキス」を考えました。
▽特許の出願の書類に、まとめて、特許庁（〒１００－８９１５　東京都千代田区霞が関３－４－３）に、手続きをしてください。
▽その「算数発明」を○○会社に「売り込み（プレゼン）」をしてください。
▽「契約金」は、20万～30万円、「ロイヤリティ（特許の実施料）」は、２～５％で結構です。
▽出願の費用の特許印紙代や印書代（Ｗｏｒｄ）は、その中から取ってください。

……、といった内容の相談です。

ウーン、……、私、中本は、心の中で悩みました。

話を聞いてみると、確かに、便利で、特徴もあります。

だけど、その構造（しくみ）では、未完成です。

不安定な部分が気になります。すぐに、故障して使えなくなりそうです。

コストも、アップします。使うときに、……、○○の部分が不便です。

構造（しくみ）の○○の点が気になります。

私は、発明者の○○さんに質問をしてみました。

あなたは、いままで、どんな「ホッチキス」が商品として売り出されているか、知っていますか。調べましたか。

……、すると、日頃、家庭や職場で使っていた「ホッチキス」くらいしか知りません。

……、といった答えが返ってきました。

●商品の「長所（効果）」と「課題（問題）」を調べて、「情報」を整理する

○○さんは、新しいタイプの針の残量がわかる「ホッチキス」を形「製品」に結びつけたい。

……、と思っています。

ここで、やっていただきたいことがあります。

それは、いままでに、どんなものが形「製品」になっているか、チェックすることです。

そんなに、むずかしく考えなくても大丈夫です。

お店の「文房具コーナー」をのぞいてみてください。

4～5種類は、売っています。それを、買ってください。そして、使ってください。

その商品の「長所（効果）」と「課題（問題）」を調べるのです。

先行技術（先願）の「情報」は、特許庁の「**特許情報プラットフォーム（J-PlatPat）**」（※）で、調べてください。

「ホッチキス」について、知識が増えます。その上に、新しい考えを加えられます。

そこに、ヒントがみつかります。そうすると、多くの人が喜んで使ってくれる「ホッチキス」が完成します。……、とアドバイスをしました。

発明者は、一つの「算数発明」の定石を知って喜んで帰ります。

□いつも「頭」、「脳」の体操

以前、道徳の時間に、どういう学習をしたか、覚えていますか。

問題をドートク（どう解く）か。……、といった学習をしました。
○○の作品が形「製品」になる。その、答えは、▽大きさ（寸法）を決めて、▽図面（説明図）を描いて、▽「試作品」を作って、▽テスト（実験）をして、▽不具合なところは、改良して、▽未完成の作品を完成品にまとめることです。
そうすれば、素晴らしい答えがみつかります。

特許の出願は、それからです。
□**ポイント①**…「売り込み（プレゼン）」をしたい、「目標」の第一志望、第二志望の会社がみつかります。
先行技術（先願）の「情報」は、特許庁の「**特許情報プラットフォーム（J-PlatPat）**」で、調べるだけでなく、どのような**会社**が、その分野に興味をもっているかがわかります。

熱心に取り組んで、商品開発をしているわけです。

会社がみつかりましたか。それは、ラッキーです。「売り込み（プレゼン）」をしたい「目標」の第一志望、第二志望の**会社**に、決めればいいのです。
□**ポイント②**…「**公報**」は、書類をまとめるときの「**参考書**」です。
「明細書」の書き方がよくわかります。

とくに、図面の描き方、符号のつけ方などで、悩まなくても大丈夫です。図面をみただけで、作品のイメージがつかめる描き方がわかります。どんな図面を描けば効果的か、すぐにわかります。

※「**特許情報プラットフォーム**〔Japan Platform for Patent Information〕略称（J-PlatPat）」
https://www.j-platpat.inpit.go.jp

【メモ・MEMO】

●同じ種類の公報をチェックする

○○の素晴らしい作品を考えたとき、特許庁は、同じ種類の公報、先行技術（先願）を「**特許情報プラットフォーム（J-PlatPat）**」で、調べてください。

そして、それと比較してください。……、といっています。

形「製品」に結びつく作品にまとめたいときは、やはり、先行技術（先願）の「情報」を、特許庁の「**特許情報プラットフォーム（J-PlatPat）**」で、調べることです。

趣味として、「**発明ライフ**」を楽しんでいても、いままでの商品を、数点集めることです。その理由は、「発明」の入門者は、同じものが専門店にも、量販店にも、売っていませんでした。

関連の本にも、書いていませんでした。

それだけで、新しい作品だ、と決めてしまうのです。

それで、夢中になって、お金をかけて、「試作品」を作るのです。

ところが、専門店や量販店にあるのは、全国に流通する商品の中の、ごく一部です。

そこにないもので、過去に、市場に出ていない作品は、たくさんあります。

そういったものを探してください。そして、自分の土台にしてください。

それがないと、一人よがりの作品になってしまうのです。

たとえば、「物品の形状」や「大きさ（寸法）」、「材質」などを、比較しながら、研究することです。

類似したものがみつかったら、□形「製品」に結びついた理由、□売れている理由を考えてみましょう。

5．○○の作品、使う機会（必要度）は

●「柄の部分に、電球をつけた傘」、使う機会（必要度）は、どうか

傘の柄の部分に、電球をつけた「柄の部分に、電球をつけた傘」です。

たとえば、夜の雨の日に外出するとき、足元を照らすことができるので、道のヌカルミに気をつけることができます。

だから、とても、便利な「柄の部分に、電球をつけた傘」です。

一見、便利そうな作品です。だけど、形「製品」に結びつきませんでした。

……、その理由を一緒に考えてみましょう。

◆1年間に、何回、使うか

1年間に、何回、使うか、考えてください。日数を計算（概算）してください。

計算すれば、さっきの答えがわかります。使う機会（必要度）、どうですか。

傘の頭の部分に電球をつけて、後ろからくる自動車に知らせる。……、といった作品も、「発明発表オーディション」で発表しました。

いいと、思いましたが、どこの会社も、買いたい。……、といってくれませんでした。

◆**「発明学校」で、発表**

「発明学校」で、手作りの「試作品」を持参して、発表しました。

□**使う機会（必要度）は**……確かに、ある程度、使う機会（必要度）は、あります。

結果は、好評でした。

□**高価になっていないか**……でも、出席者の一人の方から、その「目的」なら、そんなに高価になる方法よりも、反射板をつければ、いいじゃないですか。

□**効果はあるか**……反射板をつける方が効果はある、と思いますよ。

しかも、構造（しくみ）も簡単です。……、といわれてしまいました。

□**値段を考えたら**……値段を考えたら、買ってくれる人がいない。……、ということです。

□**使う機会が少ない**……値段が安くて、多くの人が使ってくれるものに、改良すべきです。

一見、便利そうにみえても、日用品や雑貨の作品では、こうしたことが多いようです。

○○の作品を考えたときは、頭の中だけで、まとめないでくださいね。

□**手作りで、「試作品」を作って、試してみる**……実際の形に、大きさ（寸法）を決めて、図面（説明図）を描いて、手作りで、「試作品」を作って、試していただきたいです。

□「課題（問題）」が多くないか……「長所（効果）」よりも、「課題（問題）」が多いときもあります。

その「課題（問題）」を一つ一つ取りのぞけばいいのです。

すると、○○の作品は完成します。

●誰でも、「長所」も、「短所」も、ある

楽しい恋をしているときでも、彼女（彼）は、「長所」ばかりですか。

……。そうじゃないでしょう。誰だって、「長所」もあれば、「短所」もあります。

恋愛中は、いろんなことがいえます。

嫌いなところがあったら、あなたの○○が嫌いよ。……、といいましょう。

嫌われたくないでしょう。

だから、悪いクセなども、あなたのために、改善してくれるハズです。

結婚してから、こんなはずじゃなかったのになあー。

……、といって、悩まないように、恋愛中に、「課題（問題）」を一つ一つ取りのぞくのです。
○○の作品が、必要かどうかを考えることは、とても大切です。……、といえるでしょう。

そこまでやってみて、うまくいかなかったら、まだ、「課題（問題）」が残っているのです。

いまの状態で、形「製品」に結びつくのはむずかしい。……、ということです。

6．一部が便利になっても、「製造コスト」が高くなっていないか

●「芯を短くした鉛筆」、「製造コスト」が高くなっていないか

具体的な事例を、「芯を短くした鉛筆」で説明してみましょう。

……、鉛筆の芯は、最後の5分の1くらいは、手の中にすっぽり入ってしまい、使えなくなります。

それなら、最初から芯を入れないで、鉛筆を作れば売れる、と思います。

……、といったものです。

芯を短くした鉛筆の「売り込み（プレゼン）」の手紙を10社に郵送しました。

返事は、ごめんなさい。……、と書いた、お断りの手紙でした。

そういうときは、立ち止まってください。

そして、少し考えていただきたいことがあります。
○○の一部分が便利になった。……、としても、構造（しくみ）が複雑で、コストが高くなっていませんか。……、といった点です。

◆「材料費」と「人件費」

ここで、鉛筆を作るときの「材料費」と「人件費」を考えるのです。

どちらが高くつくと思いますか。……、それを考えるのです。

発明者が芯を短くして、自動で作れる機械をすでに完成していれば話は別ですよ。

その考え方と、同じような作品があります。

□容器を2つに分ける

容器を2つに分けた作品です。……、一方に水を入れます。もう一方にお茶を入れます。

……、とても便利です。……、といった作品です。

ここで、少し考えてください。

たしかに、なるほど、便利だ、と思うでしょう。

自分が考えた作品だと、つい調子にのってしまうものです。

●作り方の工程を知ることも大切

□題材「仕切りのある瓶」

仕切りのある瓶もそうです。

便利だ、と思います。ところが、作るのが大変です。

だったら、2つの瓶をくっつけてしまうほうが簡単です。

……、このように、あなたの作品が売れないときは、コスト（値段）がいくらになるか、考えていただきたいのです。

できれば、そのものを作る（製造する）工場を見学してください。

作り方（製造）の工程を知る必要があります。

このようなことを書くと、すぐに、○○の作品を作る工場は、どこに行けば見学できますか。

……、といった質問がきます。

そういうときは、○○を製造している会社に理由を説明して、お願いするのもいいでしょう。

理由を聞かれたとき、答えにくかったら、たとえば、次のように説明してください。

子ども（孫）に、学校の「宿題（課題）」で、○○の作り方について、質問を受けて、答えられなくて困っています。それで、一緒に見学させていただきたい、と思っています。

……、といって、相談してください。

それで、見学ができないようでしたら、詳しく書いた「参考書」や「文献」などを紹介していただきましょう。

これで、「情報」もたくさん集まります。

会社の「広報部」や「消費者の窓口」の人が親切に対応してくれます。

その「情報」をまとめてください。……、それでも、スポンサーがウンといってくれません。

そのときは、長所（効果）と「課題（問題）」を再度、確認してください。

買っていただけるか。……、お客様の立場から考えなおして、比較することです。

その結果で、……、どちらが喜ばれるか。それを考えるのです。

大好きな人のために、マメに動いてください。彼女（彼）は、感動しますよ。

第4章

心をこめて作った、手作りの「試作品」なら、あなたの思いが伝わる

○○の作品を気に入っていただけるのは、たった1社（1人）でいい

○○の作品を会社に気に入っていただけたら、その会社が「試作品」を作ってくれます。
広い世界の中で、たった1社（1人）でいいのです。

形「製品」に結びつけてくれます。あなたの力強いパートナーになってくれます。

ムリ、ムダをしていると、余裕もなくなります。だから、ムリ、ムダをしてはいけません。

これは、町（個人）の発明家の鉄則です。

ムリをすると、笑顔までなくなってしまいます。それで、いいと思いますか。

大好きな人に、あなたの、その素敵な笑顔、見せるチャンスがなくなりますよ。

大切な人に誕生日のプレゼントをするときだって、手作りは、結構ウケがいいです。

そればかりか、彼女（彼）のハートまでゲットできますよ。

1．「試作品」作りに、力を入れる人の作品は、形「製品」に結びつく

●消費者になったつもりで、便利になったか、「発明の効果」を確認しよう

ここでは、大きさ（寸法）を決めて、図面（説明図）を描いて、手作りで、「試作品」を作り、テスト（実験）をして、効果を確認することが大切だ、ということを学習しましょう。

素晴らしい○○の作品を考えました。……、どうすればいいですか。

そのとき、最初に、やっていただきたいことがあります。

○○の作品に関連した「**情報**」を集めることです。

「**情報**」は、作品に関連した専門店や量販店、デパート、スーパーの商品の市場調査をかねて、売り場を探訪するのです。

「算数発明」の○○の作品に関連した「**情報**」は、集まります。

先行技術（先願）の「情報」は、特許庁の「**特許情報プラットフォーム（J-PlatPat）**」で、調べられます。

「**情報**」が集まれば、どうにかできます。

従来の「課題（問題）」は、工夫したところは、発明の効果は、……、個条書きでいいです。

「情報」の内容を整理してください。

「情報」が少ないままで、すすめると、それに、費やす時間がムダになります。

確認ができたら、特許の「公報」が一番の「参考書」になります。

それを、参考にしながら、大きさ（寸法）を決めて、図面（説明図）を描くのです。

次は、心をこめて、手作りで、「試作品」を作るのです。

そして、便利になったか、テスト（実験）をして、自分で、「発明の効果」を確認するのです。

大きさ（寸法）を決めて、図面（説明図）を描いて、手作りで、「試作品」を作る、「試作品」を作らない。……、で、「成功・不成功」が決まります。

すると、形「製品」に結びつかない理由がわかってきます。

「算数発明」と「試作、テスト（実験）」、それは、「理科とテスト（実験）」よりも、大切なことです。

理科のテスト（実験）は、その特性を確認することが目的です。

たとえば、単三の電池を2個、直列と並列につないでください。

そのとき、豆電球は、どちらが明るく点灯しますか（!?）という問題です。

それを確認するために、電池と豆電球を電線でつないで、テスト（実験）をしましたよね。
「算数発明」の世界では、女性が考えた作品のほうが形「製品」に結びついています。効率がいいです。……、その理由ですか。
それは、○○の作品を身近で、手作りで、「試作品」が作れるものを選んでいるからです。

●例「洗濯機の糸くず取り具」

「図面」は、上から順番に、【図1】は、柄をつけた「糸くず取り具」の説明図です。【図2】は、吸盤をつけた「糸くず取り具」の説明図です。【図3】（次ページ）は、小さな浮袋をつけた「糸くず取り具」を組み立てた状態と分解した状態の説明図です。

「【書類名】　図面」

【図1】

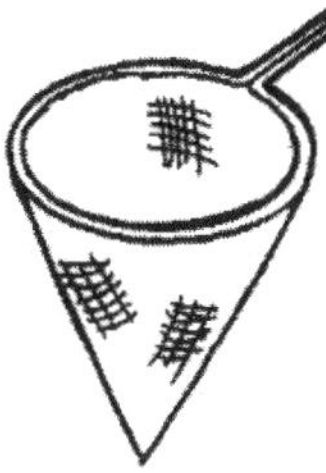

【図2】

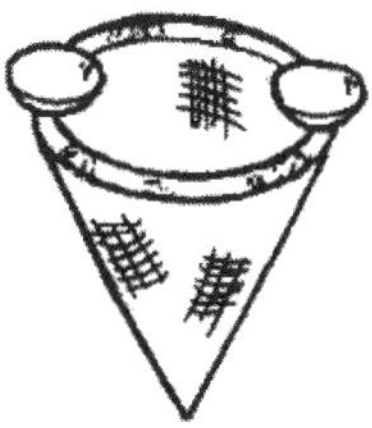

【図3】

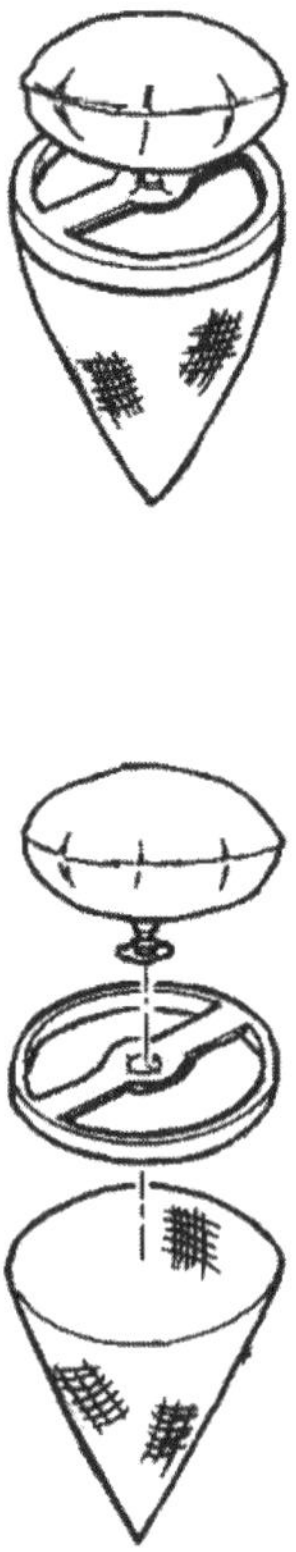

私も、（一社）発明学会に入社したとき、一番に、教えていただいたのが、笹沼喜美賀さんが考えた「洗濯機の糸くず取り具」です。

多くの本に、教材として紹介されています。

その過程をご本人から聞きました。

そのときのことをよく覚えています。要点を簡単に紹介しましょう。

白のワイシャツやセーターを洗ったあと、よくみると、糸くずが浮いています。

それを、うどんをすくい取るように、袋ですくい取ったら、と思ったのです。

それで、ストッキングを輪切りにして、尻を結びました。

それに、柄をつけました。これで、「試作品」の「糸くず取り具」ができました。

▽**「試作品」で、効果が確認できる**

そして、大きさ（寸法）を決めて、図面（説明図）を描いて、手作りの「試作品」を使って、テスト（実験）をしてみました。……、効果がすぐに確認できました。

洗濯をして、靴下を干したとき、糸くずがついていないのです。

それが、何日か、続いたそうです。

そして、ある日、すくい疲れて、その手を止めてみました。

浮いた糸くずは、水の流れにしたがって、袋の中に流れ込んでくるのです。

ハッとして、それから、袋を洗濯機に取りつけたのです。

すると、自然に、糸くずが取れたのです。テスト（実験）の結果、それが、わかったのです。

もし、笹沼さんが、▽大きさ（寸法）を決めて、▽図面（説明図）を描いて、▽手作りで、「試作品」を作り、▽便利になったか、テスト（実験）をして、▽「発明の効果」を確認しなかったら、このようなヒット商品は生まれなかったでしょうね。

●作品の内容で、勝負ができる

私（中本）は、「発明学校」などで、成功した事例の紹介と、「試作品」について、説明をします。

すると、町（個人）の発明家から、すぐに、質問を受けます。

それでは、むずかしい試作やお金のかかる作品の「試作品」は、どうすればいいですか。

……、といった内容です。

大きさ（寸法）を決めて、図面（説明図）を描いて、手作りで、「試作品」が作れないから、といって、ムリをして、お金を使って、専門家の人に頼まなくても大丈夫ですよ。

そのときは、作品を気に入っていただける「目標」の第一志望、第二志望の**会社**に、特許出願中（PAT・P）です。……、と手紙を書いて、「売り込み（プレゼン）」をすることです。

手紙の中に、大きさ（寸法）を決めて、描いた図面（説明図）を同封するのです。

その中で、1社（1人）でいいのです。

気に入っていただけたら、その**会社**で、「試作品」も、作ってくれます。

さらに、○○の作品を形「製品」に結びつけてくれます。

2．手作りで、「試作品」を作ってみないと、便利さは、わからない

●手作りで、「試作品」を作る

町（個人）の発明家は、毎日、使っている商品で、不便なところが気になったら、自分が手間隙をかけて、使いやすくなるように改良します。

それは、子どもを育てるようなものです。

……、といわれるくらい、○○の作品に愛情と発想力を注いでいます。

だから、本人の思い入れも相当だ、と思います。

初歩の町（個人）の発明家は、はじめ、○○の作品は、

▽この部分を、このように改良すれば、もっと便利で使いやすくなるのに、……。

▽こんな作品があったら、もっと助かるのに、……。

といった、内容のヒントから、新しい作品を創作することに興味をもちます。

その思いつきを、実際に、形「製品」に結びつけたいですよね。

それを実現するために、思いついた○○の作品は、大きさ（寸法）を決めて、図面（説明図）

を描いて、手作りで、「試作品」を作ることです。
すると、いろいろな「課題（問題）」が、さらに、浮かびあがってきます。
形「製品」に結びつけるためには、手作りの、「試作品」がポイントになります。
「算数発明」の「科目」の選び方が間違っていないか。早い時期に確認ができます。
たとえば、大好きな彼（彼女）に、
▽私は、料理を作るのは、大好きです。
……、といっていただくより、
▽私の手作り料理です。一緒に食べませんか。
……、といっていただいたほうが説得力は、あると思いませんか。
それと同じだ、と思います。

●「課題（問題）」は、布団のシーツがズレル

では、具体的な事例「布団のシーツ」で、説明してみましょう。
夜寝るときに、布団のシーツがズレルこともあります。
それで、ズレないように工夫しました。

それは、シーツと布団の両方に、マジックテープ（登録商標）をつけて、固定できるようにしたのです。

町（個人）の発明家は、この解決案、素晴らしい、と思ったので、実際に、▽大きさ（寸法）を決めて、▽図面（説明図）を描いて、▽手作りで、「試作品」を作りました。

頭でイメージしたとおりに使いやすいか、▽テスト（実験）をしました。

次は、▽シーツを洗濯しました。

すると、糸くずが、そのマジックテープについてしまい、使いにくくて、すぐに、ダメになってしまうことがわかりました。

このように、「思いつき」や「考えただけ」の作品は、改良を加えないと、そのままでは、形「製品」には結びつかない。

……、ということです。

なぜか、というと、その考えた作品の「課題（問題）」↓「効果」を、何一つ確認していないからです。

▽**《チェック・1》**

たとえば、

①いままでよりも、使いやすくて、便利ですか。　チェック□
②新しい「発明の効果」がありますか。　チェック□
③考えたとおりに、組み立てられますか。　チェック□
④考えたとおりに、正しく使えますか。　チェック□
……、
などのチェックをすることが必要です。
だから、実際に、大きさ（寸法）を決めて、図面（説明図）を描いて、手作りで、「試作品」を作って、テスト（実験）をしてみることです。
創作していたころより、いい方法がみつかります。

▽**《チェック・2》**

たとえば、
①使いやすくなりましたか。　チェック□
②組み立てがうまくできましたか。　チェック□
③思っていた、とおりに使えましたか。　チェック□
……、など、

実際にチェックしてみると、思わぬ結果になってしまうかもしれません。

このように、こんなハズじゃなかったのになあー、といったケースが起こってしまいます。

それでは、さみしいでしょう。

●「試作品」を作っていない作品は、まだ、完成させる途中

○○の作品の自信作の「試作品」を、目の前でみせられると、なるほど、これは、本当に、素晴らしい。
……、と納得します。

また、すぐに、作品の内容も理解できます。

初歩の町（個人）の発明家の中には、手作りで、「試作品」を作るための材料が、どこに売っているのか、……、わからないです。

私は、生まれつき不器用です。

だから、……、などといって積極的に、「試作品」を作らない人がいます。

続けて、少しつっこんだ質問をすると、まだ、そこまでは、考えていませんでした。

……、といって、引き下がっていきます。

◆苦手な「科目」に、チャレンジしていないか

簡単な作品ほど落とし穴があるのです。

それは、大きさ（寸法）を決めて、図面（説明図）を描いて、手作りで、「試作品」を作って、効果を確認するためには、テスト（実験）をしないとわからないからです。

もしも、大きさ（寸法）を決めて、図面（説明図）を描いて、手作りで、「試作品」が作れないものは、苦手な「科目」に、チャレンジしているのです。

●思いつきを形「製品」にすることが大切

自分の思いつきを、実際に、形「製品」に結びつけることは、とても大切です。

そこで、大きさ（寸法）を決めて、図面（説明図）を描いて、手作りで、「試作品」を作って、本当に使いやすくなったか、テスト（実験）をして、確認してみることです。

それから、本当の試行錯誤がはじまるのです。

こうした、さまざまな困難や「課題（問題）」をどのような形で乗り越えるのか（!?）。

それで、試行錯誤をくりかえします。

そして、それを乗り越えて、はじめて、完成度の高い作品ができるのです。

会社は、利益を追求しています。したがって、完成度の高い作品を望みます。
だから、生半可なことでは、○○の作品は、形「製品」に結びつかないのです。

3. 手作りの「試作品」に感動して、相手の心は動く

●手作りで、「試作品」を作ることに意味がある

思いつきの作品を形「製品」に結びつけていただくためには、関連の「情報」を集めて、「情報」を整理して、大きさ（寸法）を決めて、図面（説明図）を描いて、手作りで、「試作品」を作ることは、大きなポイントになります。

私は、ときどき、「発明学校」で、「試作品」の話をします。

▽私は不器用、手作りで、「試作品」は作れない

すると、すぐに、私は不器用です。手作りで、「試作品」は、作れません。
……、という人がいますが、ここは、積極的にチャレンジするところです。

「試作品」は、1個、作るだけです。だから、数千円で作ってくれるハズです。

……、と勝手に思っているのです。

それで、簡単に専門家に頼んでしまう人もいます。

そのときは、先に、「試作代」の費用を聞いてください。そして、納得してから、頼むようにしてください。そうしないと、大変なことになります。試作代が高いからです。

具体的には、2~3週間で、「試作品」と一緒に、十数万円の請求書が送られてきます。

……、ここで、この費用どうしよう。……、と悩むのです。

●DIYや日曜大工コーナー

最近は、試作するための材料が簡単に買えます。

加工が簡単なプラスチックや強力な接着剤が、DIY(Do it yourself)や日曜大工コーナーなどで売っています。それが使えます。

たいていのものは、誰でも作れます。

自分の作品が形「製品」に結びついた町(個人)の発明家に、聞いてみました。

すると、家に、「ガラクタ箱を持っている」……、といいます。

不用になった、家庭用品や玩具を箱の中に入れているのです。大きさ（寸法）を決めて、図面（説明図）を描いて、手作りで、「試作品」を作るとき、それを、分解して、必要な部分だけを取って使うためです。

そうしておけば、手作りで、「試作品」を作るときの材料費代は、ゼロ円ですみます。

●工作機械がなくて、「試作品」が作れないものは、会社にまかせよう

工作機械がなくて、手作りで、「試作品」が作れないときは、ムリはしないでください。

設計図があれば、図面（説明図）と一緒に、送ってください。

「試作品」は、ムリをして作らなくても大丈夫です。

……、そういうときは、同じような種類の商品を作っている会社を調べていると思いますので、手紙を書いて、「売り込み（プレゼン）」をすることです。

そして、○○の作品の、スポンサーになっていただくのです。

気に入っていただければ、その会社が「試作品」も、作ってくれます。

私は、○○の作品が形「製品」に結びつくのは、結婚と同じだ、と思っています。

●手作りで、「試作品」を作り、テスト（実験）をする

先生、○○の作品、形「製品」に結びつくことを望んでいます。自信もあります。

……、というだけでは、○○の作品が形「製品」に結びつくのは、ムリでしょうか。

◆いまの状況を確認する

▽○○の作品の「試作品」、作りましたか。

▽テスト（実験）、しましたか。

▽効果、確認しましたか。……。

「算数発明」とテスト（実験）、それは、理科とテスト（実験）よりも、ずっと重要で、大切なことです。

○○の作品が、形「製品」に結びつかない、一番の原因は、ここだったんですね。

▽**主婦の作品は、良く形「製品」に結びつく**

主婦が考えた作品は、良く形「製品」に結びついています。その答えも同じです。

▽**手作りで、「試作品」を作れるものを選んでいる**

「科目」も身近で、大きさ（寸法）を決めて、図面（説明図）を描いて、手作りで、「試作品」を作れるものを選んでいるからです。

▽自信をもっている

だから、作品の内容を聞いても説得力があります。

大きさ（寸法）を決めて、図面（説明図）を描いて、手作りで、「試作品」を作ることが、〇〇の作品が形「製品」に結びつく、必須条件です。

……、といえるのです。

恋をするときでも、そうだ、と思います。

何度も、デートをしてください。

そして、お互いの気持ちを確認してください。それは、とても大切です。

一度も、デートをせずに、結婚の申し込み、ですか（!?）

……、ウーン、それは、ないでしょう。

4. ○○の作品、手作りで、「試作品」は、作れるか

趣味、老化防止、楽しみ、だけで、「算数発明」にチャレンジするときは、○○の作品を形「製品」に結びつけることを念頭におかなくてもいいでしょう。

「科目」を選ぶだけなら、大きさ（寸法）を決めて、図面（説明図）を描いて、手作りで、「試作品」を作ることは、考えなくてもいいでしょう。

でも、本気で作品を形（製品）に結びつけたいのなら、やはり、大きさ（寸法）を決めて、図面（説明図）を描いて、手作りで、「試作品」を作ることが大切です。

▽シャンプーやリンスの容器「ポンプ式のボトル」

たとえば、シャンプーやリンスの容器の改良です。

「ポンプ式のボトル」は、液体が容器の底に残るので、もったいないです。

そこで、最後まで使いきれるように、容器の底の形状を考えました。

そして、「ポンプ式のボトル」を形「製品」に結びつけて、世のためになりたいです。

そういうときは、大きさ（寸法）を決めて、図面（説明図）を描いてみるのです。

容器を改良したときのイメージがつかめます。

次は、手作りで、「試作品」を作って、試してみることです。

そして、効果を確認することです。

お金を自由に使える人は、他の人（第三者）に依頼して、「試作品」を作ってもいいでしょう。

●「ポンプ式のボトル」の先行技術（先願）を調べてみよう

「特許情報プラットフォーム（J-PlatPat）」を開いてください。

↓「**簡易検索**」の中の「◎特許・実用新案」を選択してください。

「**検索キーワードボックス**」に、たとえば、「**ポンプ　ボトル　底**」と入力します。

「**検索**」をクリックしてください。

↓**検索結果一覧**「**特許・実用新案（○○）**」、「**文献番号、発明の名称、出願人**」などが表示されます。

↓「**文献番号**」をクリックしてください。

「発明」の「**書誌＋要約＋図面**」が表示されます。

もっと詳しい内容も確認できます。「画面」の下の方をみてください。

「請求の範囲」、「詳細な説明」、「図面」などが表示されます。

そこをクリックしてください。詳しい内容が確認できます。

従来の「課題（問題）」、工夫したところ、「発明の効果」などは、「特許願」の「明細書」の形式になっています。

●「ポンプ式のボトル」に関する「情報」がみつかる

▽「情報」が集まれば、どうにかできます。
従来の「課題（問題）」は、工夫したところは、発明の効果は、……、個条書きでいいです。

「情報」の内容を整理してくださいね。

新しい形の「**ポンプ式のボトル**」ができますよ。

だけど、頭の中だけで、考えることは、天才でない限り、みんな同じです。

それが、一歩ぬき出ているのは、大きさ（寸法）を決めて、図面（説明図）を描いて、手作りで、「試作品」を作り、テスト（実験）をしているうちに、理解できるようになるのです。
▽身近なところから、作品を選ぶ。
▽自分の実力にふさわしい、いや、少し程度の低い分野から作品を選ぶ。

といわれるのも、**↓自分の力で、↓お金をかけないで、↓大きさ（寸法）を決めて、↓図面（説明図）を描いて、↓手作りで、「試作品」が作れるもの、**という意味です。

くりかえし、大きさ（寸法）を決めて、図面（説明図））を描いて、手作りで、「試作品」を作っているうちに、思考は、だんだんと深まってきます。

「一人一テーマ一研究」にもなります。

○○の作品、形「製品」に結びつけましょう。

……、といっていただける会社が、みつからないときもあります。

そのときは、次のことをチェックしてみましょう。

▽頭の中だけで、考えていないか。

▽大きさ（寸法）を決めて、図面（説明図）を描いてみたか。

▽手作りで、「試作品」を作ってみたか。

▽テスト（実験）をしてみたか。

▽「一人一テーマ一研究」をしたか。

……、この項目に、照らし合わせてみましょう。

●「試作品」を、専門家に依頼しても、上手くいかない

○○の作品の「試作品」は、専門家に依頼しました。試作代は、約10万円でした。

特許の出願の手続きも、○○は、最初の作品だったので、専門家に依頼しました。

これまでに、試作代、出願の手数料、出願審査請求料などで、約100万円使いました。

「試作品」をみて、これなら、「売り込み（プレゼン）」も、うまくいくだろう。

……、と思いました。

だから、すぐに、「目標」の第一志望、第二志望の会社に、特許出願中（PAT・P）です。

……、と手紙に書いて、「売り込み（プレゼン）」ました。

▽「**返事**」**は、すぐにきた**

嬉しい返事がくるだろう。……、と思っていました。

ところが、「**採用しましょう**（!?）」……、と手紙に書いていませんでした。

▽**返事に、初歩的な**「**理由**」**が書いてあった**

先行技術（先願）の公開公報（特開○○○○－○○○○○○号公報）と、類似しています。

だから、「**新規性**」がありません。

……、数行で、結果がわかりました。

せっかく、専門家にお願いして、お金を使ったのに。先行技術（先願）を調べておかなかった、初歩的なミスです。

ウーン、お金、どうしよう。……、考えてしまいますよね。

これは、先輩の町（個人）の発明家の失敗から得た生の声です。

5. 積極的に「試作品」を作る人の作品は、形「製品」に結びつく

●最初は、頼りなくてもいい

ふと、思いついた○○の作品の図面（説明図）を描きました。

どこか、売り込み先の会社を教えていただけませんか（!?）

……、といって、町（個人）の発明家が相談にきました。

私（中本）は、ここで、気になることがありました。

町（個人）の発明家が「売り込み（プレゼン）」をしたい、「目標」の第一志望、第二志望の

会社を決めていないことです。

◆今度は、私が、町（個人）の発明家に、質問

▽いままでの作品の、「従来の技術背景」は、どうでしたか。

▽先行技術（先願）は、調べましたか。

▽類似した商品がないか、調べましたか。

……、といったことです。

すると、ウッと考え込んでしまいます。

そして、自信のない返事が返ってきます。

ここで、

▽「売り込み（プレゼン）」をしたい、「目標」の第一志望、第二志望の会社を決めること。

▽会社の「事業内容」を調べること。

▽会社が作品を形「製品」に結びつけるときの「傾向と対策」を練ること。

その大切さをアドバイスします。

……、すると、町（個人）の発明家は、そうか。

▽会社が求めている作品「○○と○○」を、提案すればいいのか（!?）

……、ということを、わかっていただけます。

●商品みたいに仕上げた「試作品」を持って、相談に来てくれる

中には、商品みたいに仕上げた「試作品」を持って、相談に来てくれる人もいます。

そういうときは、立派にできていますね。自分で作ったのですか。

……、といった質問をします。

同時に、愛情を持っているなあー、素敵な作品だなあー、といった予感がします。

詳しい説明を聞かなくても、内容が理解できて納得します。

□例「野菜千切りスライサー」

Nさんは、「算数発明」に入門したばかりの「1年生」です。

「野菜千切りスライサー」を考えました。Nさんの2番目の作品です。

作品の図面（説明図）をみながら、友人に自慢げに話すと、これは、絶対売れるよ、……、とおだてられました。

嬉しくなって、大きさ（寸法）を決めて、図面（説明図）を描いて、「試作品」を専門家に頼んだそうです。

●専門家に試作を依頼したら、「試作品」の代金が

「試作品」のでき栄えは、素敵で、最高でした。

ところが、その代金が、1カ月の給料がふっ飛んでしまうほどの金額だったそうです。

そのことを、家族に、どう説明したのかは、教えていただけませんでした。

ここまできたら、悩んでいてもどうすることもできません。

「目標」の第一志望、第二志望の会社に、特許出願中（PAT・P）です。……、と手紙に書いて、「売り込み（プレゼン）」をしました。

数日後、電話がかかってきました。「試作品」を持ってきてください。……、といわれたそうです。

Nさんは、嬉しくなって、日時を決めて、会社の担当者を訪ねました。

すると、その担当者は、同じような「野菜千切りスライサー」を持っていて、Nさんの目の前に置きました。

そのときの状況、だいたい想像できますよね。

●苦い体験をして、学習になった

専門家に頼むのは、一度でやめたそうです。

Nさんは、次々に、「算数発明」で、○○の作品を考えていますが、それからは、大きさ（寸法）を決めて、図面（説明図）を描いて、「試作品」は、自分の力で、手作りで、作っているそうです。

お金がかかることも原因の一つですが、手作りで、「試作品」を作っている間に、いろんなことがわかって、学習になるからです。

たとえば、組み立てをするときの「課題（問題）」、使い方など、改良点がみつかります。

また、大きさ（寸法）を決めて、図面（説明図）を描いて、手作りで、「試作品」を作ることで、自分の作品に自信が持てます。

そうです。太陽は、1個ですが、サン・サン（3・3）輝かせてくれますよ。

6．手作りで、「試作品」を作れる「科目」を選んだか

●飲み物の容器を置く「コースター」

たとえば、「コースター」に飲み物の容器を置くと、スイッチが「ＯＮ」になり、飲んでいるときは「ＯＦＦ」になります。

照明がついたり、消えたりする「コースター」です。

その場の雰囲気を盛り上げられるように、「Ａ（照明）＋Ｂ（コースター）＝Ｃ（照明をつけたコースター）」を考えました。

しかし、電気の知識がありません。

それで、電気回路や防水加工は、どうすればいいか、構造（しくみ）の図面（説明図）が描けなくて、これから、どうすればいいのかわからなくて悩んでいます。

●最初、一番、大切なことは、「科目」の選び方

ここで、確認です。

最初に、大切なことがあります。それは、「科目」**の選び方**です。

自分で、作品を完成させることができなければ、他の人（第三者）に協力を依頼することになります。すると、お金がかかります。

では、ここで、自分の知識、それにかけられる時間とお金、協力してくれる友人の数、そういったことを考えてみましょう。

それから、大好きな「科目」を選ぶのです。すると、「目標」は、実現できます。

たとえば、野球です。

野球でも、大振り三振、尻もちをつく、といったたいましめがあります。

最初から、ホームランをねらってはいけません。

新しい作品を考えるときでもそうです。短打主義が、○○の作品は、確実に形「製品」に結びつきます。

●「ここまでは、できた」

たとえば、**ここまで、できました**。

ここから先、どうすればいいか、手に負えません。

誰かに頼んでくれませんか。そういう、町（個人）の発明家もいます。

ところが、**ここまで、できました**。……、という点は、凡人が、1日か、2日、考えると思いつく程度の作品です。

だから、大きさ（寸法）を決めて、図面（説明図）が描けて、手作りで、「試作品」が作れるものの中から、「科目」を選ぶことです。

それが、○○の作品が形「製品」に結びつく鉄則です。

もちろん、自分に、その知識や技術がなくても、技術者を雇い、実験の設備ができるお金（資金）がある人は、別ですよ。

女性が男性よりも、○○の作品が形「製品」に結びつく、成功率は、高率です。

……、というのは、「科目」を手作りで、「試作品」が作れる範囲にしぼっているからです。

しかも、大きさ（寸法）を決めて、図面（説明図）を描いて、手作りで、「試作品」が作れて、テスト（実験）をして、「発明の効果」が、すぐに、確認できます。

不具合なところがみつかれば、すぐに、改良できます。

7．自分の力で、確実に実現できる「科目」にしよう

●魅力がある作品にまとめると多くの人に受け入れられる

作品に関連した「**情報**」を集めることです。

「**情報**」は、作品に関連した専門店や量販店、デパート、スーパーの商品の市場調査をかねて、売り場を探訪してください。自然に集まります。

お店では、どのような**商品**が一番売れているか、市場調査をすることです。

先行技術（先願）の「情報」は、特許庁の「**特許情報**プラットフォーム（J-PlatPat）」で、調べることができます。

「**情報**」が集まれば、どうにかできます。

従来の「課題（問題）」は、工夫したところは、発明の効果は、……、個条書きでいいです。

「情報」の内容を整理してください。

それから、いままでにない「**製品**」を作っていただきたいのです。

多くの人に喜んでいただけるように、魅力ある作品にまとめましょう。

これで、会社の担当者も、「YES」といってくれます。

形「製品」に結びつけてくれます。

たとえば、「ハート形の可愛い容器」を考えて、彼女（彼）の心を引きつけたい、と考えたとしましょう。

そのとき、お金「ロイヤリティ（特許の実施料）」のことは、考えないと思います。

それは、喜んでいただけることだけを、一所懸命に考えるからです。

すると、すべて、いい方向にもっていけます。

人気がある人は、他の人（第三者）が喜んでいただけることを、いつも、自然体で考えます。

だから、もてるのです。

こういった嬉しいことは、仕事でも、家事でも、受験のための学習でも同じです。

「算数発明」があれば、いつも「プラス（＋）発想」ができます。

不景気な世の中を乗り越えることができます。

●確実に実現できる「科目」がいい

「目標」を決めましょう。確実に実現できる「科目」がいいです。

第一志望、第二志望の**会社**を決めてください。

会社の「事業内容」をチェックして「**傾向と対策**」を練りましょう。

それに適した「**計画**」をたてて実行すればいいのです。

だから、うまくいいあらわせる「**目標**」が決まったら、「課題（問題）」の半分は、解決しているのです。

「算数発明」で、リッチになりたい。……、という町（個人）の発明家はたくさんいます。

しかし、その人に、では、あなたは、どういった作品を考えて、○○会社に「売り込み（プレゼン）」をして、「契約金」や「ロイヤリティ（特許の実施料）」のことを考えていますか。

……、と逆に質問をしてみます。

しかし、それに、すぐに、こたえられる人は少ないです。
▽たとえば、○○の作品で、○年○月○日までに、100万円儲けたいのか（!?）
▽それとも、いま、すぐに、20万円いるのか（!?）50万円いるのか（!?）
ただ、ぼんやりと、お金を儲けたい。……、では、決して、お金は儲かりません。
○○の作品を考えて、大きさ（寸法）を決めて、図面（説明図）を描いて、手作りで、「試作品」を作り、便利になったか、テスト（実験）をして、不具合なところは改良してください。

そして、○月○日までに作品を完成させます。

……、といった具体的な「目標」を決めるのです。

私のところに、町（個人）の発明家が面接相談によく来てくれます。

遠い人は、手紙で相談が送られてきます。

ところが、素晴らしい、と思っている作品が形「製品」に結びついていないというのです。

……、なぜでしょうか。それは、「目標」を決めていないからです。

聞いてみると、いつも、何か、「不便」なことを体験したら、新しい作品を考えて儲けよう、と思っている。……、といいます。

つまり、具体的な「目標」を決めていないのです。

それでは、「ゴール」できません。

「目標」がある人の発明相談は、夢があるので、聞いていて、楽しくなります。

◆目標◆

▽　年　月　日

▽名　前

▽（今月・今年）私の「目標」は

▽作品の「科目」は

▽「売り込み（プレゼン）」をしたい、「目標」の第一志望、第二志望の「会社」は

▽「契約金」、「ロイヤリティ（特許の実施料）」は

このような内容のことを色紙に書いて、いつもみえるところに、貼っておきましょう。

●具体的な「目標」がポイント

○○の作品をまとめて、形「製品」にするのも同じです。

○○の作品が私の「科目」です。○年○月までに、「目標」の第一志望、第二志望の○○会社に「売り込み（プレゼン）」をします。……、といえる、具体的な「目標」がポイントです。

□「目標」の第一志望、第二志望の会社のことを調べる

「目標」の会社を決めたら、今度は、「事業内容」を調べましょう。

そして、「傾向と対策」を練りましょう。

インターネットを活用すれば、簡単に調べられます。

□関連の「情報」をチェック

次は、○○と比べて、私の○○の作品は、この点が素晴らしいです。

……、といえるように、関連した「情報」を調べてください。チェックをしてください。

□先行技術（先願）を調べる

そして、先行技術（先願）は、「特許情報プラットフォーム（J-PlatPat）」で、調べました。

その「情報」を整理して、「明細書」の形式にまとめるのです。

□「課題（問題）」は、簡単に解ける

「算数発明」は、学校のときの「科目」と違います。

大好きで、得意な分野の「科目に」チャレンジすればいいからです。

大きさ（寸法）を決めて、図面（説明図）を描いて、手作りで、「試作品」も作れます。

テスト（実験）をしてください。不具合なところは、改良します。

……、「課題（問題）」は、簡単に解けます。素晴らしい結果、そこにみえています。

【メモ・MEMO】

● 一番、大事にしていただきたいこと

「算数発明」で、「ロイヤリティ（特許の実施料）」を、毎月、5万円、10万円、ゲットするために、
一番、大事にしていただきたいことがあります。

それは、まず、日々の生活を安定させることです。

ときどき、聞くことですが、私は、子どもを大学に進学させるための費用を「ロイヤリティ（特許の実施料）」で支払いたいです。

私は、いま、お金がなくて、日々の生活が大変です。○○の作品を売ってください。

それを資金にして、次の作品を考えたいです。

などといって来る人がいます。しかし、これは、とんでもない間違いです。
「算数発明」で、作品を考えることは、やさしいです。だから、誰でもできます。
だけど、形「製品」に結びつけるのは、むずかしいです。
素晴らしい作品が利益を生むには、日数がかかります。
そんなものをあてに生活を考えるのは、はなはだ危険です。
まず、小さな収入を得て、とりあえず、生活を安定させることです。

第5章

作品に磨きをかければ、形「製品」に結びつく

急いで出願をして、権利をとることが一番か

さて、これから、どんなことを体験するのでしょう。

素晴らしい作品を思いつき、急いで出願をして、権利をとることが一番ですか（⁉）

それは、違いますよ。魅力がある作品にまとめることが先です。

もちろん、作品は、いま、思いついただけです。だから、未完成の状態です。

ところが、「算数発明」に入門したばかりの人は、費用がかかっても専門家の人に頼んで、出願を急ごうとします。

それは、一日も早く出願しないと、他の人（第三者）が先に出願してしまう。

……、と考えるからです。

また、自分で書くと間違いが起きます。

だから、30万円も、50万円も、費用がかかっても、専門家に頼みたい、と思うのです。

特許願の**出願料**は、「1万4000円（特許印紙代）」です。

特許願の出願の書類の書き方は、拙著『思いつき・ヒラメキがお金になる！』（日本地域社会研究所刊）などを参考にしてください。

1．「疑問点」や「心配ごと」は、早くなくそう

●最初に「疑問点」や「心配ごと」をなくしておこう

私は、「算数発明」の学習をスタートしたばかりです。
先生、いくつか、「疑問点」があります。
また、同時に、自分の「算数発明」の内容を人に話せなくて、心配ばかりしています。
それで、前にすすめません。
それでは、ここで、誰でも、体験する、「疑問点」や「心配ごと」を紹介しましょう。

□「疑問点」

私は、ウインナーに、ワンタッチで、切れ目を入れられる、「ウインナーカッター」を考えました。

▽①「ウインナーカッター」は、特許などの「知的財産権」の権利がとれますか。
▽②出願の手続きをするときの書類は、何をみれば書けるようになりますか。
どうすれば、書類は、自分の力で、書けるようになりますか。

▽③○○の作品の「売り込み（プレゼン）」をするとき、特許出願中（PAT・P）です。
……、と手紙を書いて、「売り込み（プレゼン）」をすればいいですか。
▽④「ウインナーカッター」を2社、3社から買いたい。
……、といってきたら、どうすれば、いいですか。

これらの疑問を解くテクニックを知っていると、近い将来、○○の作品は、形「製品」に結びつきます。

つい、この間も、こんな相談を受けました。
▽「**ゆで玉子の容器**」
私は、動物の顔の形が作れる「**ゆで玉子の容器**」を考えました。

それを、すぐに、書類にまとめて、「目標」の「第一志望」、「第二志望」の会社に、特許出願中（PAT・P）です。……、と手紙を書いて、「売り込み（プレゼン）」をしました。

すると、「ゆで玉子の容器」を採用しましょう。……、といっていただきました。

契約の話も、順調に進んでいます。

ところが、次のようなことが心配になりました。

今後、どうすればいいのか、教えてください。……、といった内容の相談です。

□「心配なこと」

▽①先行技術（先願）の「情報」を、特許庁の「特許情報プラットフォーム（J-PlatPat）」で、「ゆで玉子の容器」を調べたいです。どうすれば調べられますか。

▽②「ゆで玉子の容器」は、まだ「特許出願中（ＰＡＴ・Ｐ）」です。だけど、出願の手続きをしてから、期間が1年6カ月たっていません。だから、「出願公開」もされていません。それで、契約してもいいですか。

▽③会社と契約をしたあとで、先行技術（先願）がみつかったら、どうなりますか。

▽④「ゆで玉子の容器」を売ってしまうときには、どんな手続きが必要ですか。

▽⑤「契約書」の形式と書き方がわかりません。だいたい、以上のような内容のことです。

◯◯の作品を考えて、社会の役に立てたい。

形「製品」に結びつけたい。

……、と思って一所懸命にやってきました。それが現実になりました。

願望がかなえられた喜びと一緒に、本当かなあー。これでいいのかなあー。大丈夫かなあー。

……、と「疑問点」や「心配ごと」が押し寄せてきます。

これから、どうすればいいですか。

□「採用する会社」

採用する会社にも、同じように「疑問点」や「心配ごと」が押し寄せてきます。

この作品は、売れそうだ、と思って、簡単に契約をしてしまいました。

それで、製品を作り、売り出したとたんに、○○会社から、当社の○○の作品の権利を侵害しています。……、と文句をいわれる例もあります。

2. 失敗しても大丈夫「失敗は成功のもと」

●誰でも、どこかぬけたところがあって、失敗をする

誰でも、作品をまとめるとき、一人で考えています。それで、悩みすぎます。

○○さんの作品を○○会社が採用しました。……、といった内容のことは、多くの本で紹介されています。

ところが、失敗の話は、あまり紹介されていません。

そこで、私は、先輩の町（個人）の発明家から、最初のころ、どんな失敗をしたのか聞きました。それを紹介しましょう。

先輩も同じようなことで、悩んでいたのです。

だから、心配しなくても大丈夫です。参考にしてください。

□例「ダイエット茶碗」

たとえば、食事制限で、大好きなごはんを思いっきり食べられない人のために、上げ底にした茶碗を考えました。

気持ちだけでも、満腹になれる、茶碗を上げ底にした「ダイエット茶碗」です。

この茶碗を形「製品」に結びつけたい。

「算数発明」の世界に入る動機には、
▽**「算数発明」で、〇〇の作品を創作して、地位や名誉を得たい。**
▽**「算数発明」で、〇〇の作品を創作して、社会に役に立ちたい。**
など、いろいろなことがあるでしょう。

しかし、動機がどんなことであっても、「算数発明」の世界に入って、歩きはじめる道は、誰でも同じです。

●他の人（第三者）に、相談しよう

私の○○の作品は、形「製品」に結びつかなくて、ダメだ、と不幸をなげく人もいます。

それは、初歩の町（個人）の発明家に共通したプロセスです。

一人で、「課題（問題）」を解決しよう。……、と思ってはいけませんよ。

こういうときは、他の人（第三者）に相談することです。

指導をしていただくことです。

一人で、悩むから、もう自分には、形「製品」に結びつきそうな作品を考えることは、できない。

……、と、勝手に失望しています。

▽先行技術（先願）を調べない

先行技術（先願）の「情報」を、特許庁の「**特許情報プラットフォーム（J-PlatPat）**」で、調べないで、出願の手続きをする人がいます。

▽事業化に手を出して、製品を作ってしまう

さらには、作品が売れるかどうかわからないのに、何年もかけて、貯めた預金を使って、事業化に手を出して、製品を作ってしまうのです。

それで、製品が売れなくて、大変なことになるのです。

○○の作品を完成させるまでに、時間をかけすぎています。

いまは、技術開発のテンポが速いです。

その結果、「新しい（新製品）」といえる期間が短くなりました。

それで、作品が完成したときには、「新しい」といえなくなっているのです。

だから、秘密にしないでください。

知人、友人の意見を聞き、先輩の助言をいただいて、失敗を避けて、形「製品」に結びつく近道を進むべきです。

少なくても、家族の人には、協力していただきましょう。

3．急ぐのは、魅力がある作品にまとめること

●作品に、魅力がない状態で、ムリをしてお金を使っても

一人で、夢中になっても、形「製品」に結びつかない作品は、たくさんあります。

▽作品に関連した「情報」が少ない

▽魅力がある作品に、まとめていない

そういう中で、一番、簡単に「情報」を集める方法は、専門店、量販店、デパート、スーパーなど、いろいろな店へ行ってください。その分野の商品を把握することができます。

売り場を探訪してください。

そのとき、新たな作品が浮かぶことだって、ヒントがみつかることだってあります。

何よりも、自分が考えている作品の市場が理解できます。

自信をもって、「目標」の第一志望、第二志望の会社に、特許出願中（ＰＡＴ・Ｐ）です。

……、と手紙を書いて、「売り込み（プレゼン）」ができます。

したがって、市販されている商品の「欠点」や「弱点」について、研究することも必要です。

「**情報**」が集まれば、どうにかできます。

従来の「課題（問題）」は、工夫したところは、発明の効果は、……、個条書きでいいです。

「情報」の内容を整理してください。

●消費者のことを一番に考える

消費者のことを一番に考えるのです。すると、小さな権利でも、自分の思いを素直に、礼儀正しく打ち明けると、形「製品」に結びつけてくれる**会社**がみつかります。

ムダなお金を使いすぎると「発明貧乏」、「出願貧乏」になります。

他にも、体験することがあります。

□「売り込み（プレゼン）」をしても、返事が、こない

それは、「目標」の第一志望、第二志望の**会社**に、特許出願中（ＰＡＴ・Ｐ）です。……、と手紙を書いて、「売り込み（プレゼン）」をしても、返事が、こないことです。
▽**会社に「売り込み（プレゼン）」をすると、作品を模倣される**
▽「**発明学校**」で、**○○の作品を発表すると、作品が公知（こうち）になる**
……、どうしよう。といって、一人で悩むのです。

その気持ちは、よくわかりますよ。だけど、大事な点は違います。
○○の作品、社会的なニーズがあるか、チェックをすることが先だ、ということです。
そこで、聞く力、まとめる力、伝える力を一緒に学習しましょう。

●売れている商品をチェックしよう

そこで、いま、どんな商品が売れているか、お店を探訪してみましょう。

消費者のニーズがわかります。それに合わせるのです。

売れる作品を考えることに、楽しさを味わうことができます。

売れる作品を考えることに、生き甲斐を感じます。

権利をとることは、とても大切なことです。

形「製品」に結びつけて、多くの人に喜んでいただけることのほうが、もっと大切です。

完成度が高い作品ができれば、誰でも、なるほど、といって納得していただけます。

お金に余裕があれば、「試作品」を作り、完成度を高めるために使いましょう。

そして、多くの人に使っていただいて、感想を聞くのです。
▽**「プラス」**と**「マイナス」**、**「長所」**と**「欠点」**を教えていただきましょう。

それを、表にまとめるのです。「欠点」は、改良しましょう。

そうすれば、魅力がある作品にまとまります。

ここで、「目標」の第一志望、第二志望の会社に、特許出願中（ＰＡＴ・Ｐ）です。……、と手紙に書いて、「売り込み（プレゼン）」をします。

すると、素晴らしい作品ですね。形「製品」に結びつけましょう。

……、といっていただけます。

でも、ちょっと待ってください。

中本先生は、いつも、簡単に「**算数発明は誰にでもできる**」といっているじゃないですか。

それでは、話が違いますよ。……、と叱られそうですね。

●いま、○○の作品のレベルは

私が教えたいことは、こういうことです。

突然ですか、質問をさせてください。

ここに、「小学生」、「中学生」、「高校生」、「お母さん」がいます。

同じ食材を使って「カレー」を作っていただきました。

たとえば、みなさんは、５００円払って、誰が作った「カレー」を食べたいですか。

多くの人が、「お母さん」が作った「カレー」を食べたい。……、と答えるでしょう。

料理は誰でも作れますよね。

歌は誰でも歌えますよね。カラオケのファンもたくさんいます。

料理が好きな人は、大好きな人に美味しい料理を食べていただきたいです。

それで、料理を上手に作りたくて、レシピの研究をします。

そして、上手くできて、自然に、笑顔になります。

その中で、プロの料理人になる人は、さらに、研究を続けます。

プロの歌手になる人も、そうです。

では、いま、あなたの作品と「お母さん」が作った「カレー」のレベルと比べてください。

あなたの作品を応援してくれる人は、多いですか。

いま、夢中になっている○○の作品、「お母さん」の「実力」のレベルになっていれば、形「製品」に結びつくでしょう。

あらためて、確認をさせてください。
▽「科目」は、「□大好き（得意）、□嫌い（不得意）」ですか。

▽世の中の「□役に立つ、□役に立たない」ですか。
……、チェックしましょう。

4.「算数発明」は、他の人（第三者）のために考えることが大切

●思いついただけの作品の出願を急いでも形「製品」に結びつかない

○○の作品、いま、思いついただけですよね。
それなのに、模倣されたらどうしよう。

一日も早く出願しないと、他の人（第三者）に、先に出願されてしまう。

……、とムダな行動に、走っていませんか。

どんなに、急いで出願をして、「目標」の第一志望、第二志望の会社に、特許出願中（PAT・P）です。……、と手紙に書いて、「売り込み（プレゼン）」をしても、いい返事はきませんよ。

□例「ワインのコルクの栓抜き」がうまくできない

たとえば、私は、ワインが大好きです。

ところが、**「ワインのコルクの栓抜き」**がうまくできなくて、困っています。

そういうときは、なぜ、うまくできないのか、「ワインのコルクの栓抜き」の「欠点」をみつけてください。それを、整理して、まとめてください。

すると、改良した、「ワインのコルクの栓抜き」は、権利もとれます。

形「製品」にも結びつきます。

とにかく、あらゆる手段をつくして、類似したものや先行技術（先願）など、「ワインのコルクの栓抜き」に関連した「情報」を集めることです。

●形「製品」に結びつかない理由がわかる

それは、○○の作品に関連した「情報」が少ないからです。

魅力がある作品に、まとめていないからです。

そういう中で、一番簡単な方法は、専門店、量販店、デパート、スーパーなど、いろいろな店へ行って、その分野の商品を把握することです。

先行技術（先願）の「情報」は、特許庁の「**特許情報プラットフォーム（J-PlatPat）**」で、調べることができます。

すると、同じような考え方の先行技術（先願）がみつかります。

「公報」をみて、出願を急いではいけないのだ、と気がつきます。

そして、自然に、目覚めていきます。

▽「**発明学校**」**に参加しよう**

すると、受講生の人から「発明道」を聞かされました。

先輩が「算数発明の定石」を教えてくれました。

そのとき、形「製品」に結びつかない理由がわかります。これで間違いなく成長します。

▽「**情報**」**が集まれば、どうにかできる**

従来の「課題（問題）」は、工夫したところは、発明の効果は、……、個条書きでいいです。

「情報」の内容を整理してください。

もともと、○○の作品が世に出るためには、その作品が人のため、世の中のためになる要素をそなえていることが条件だからです。

世の中の利益につながる作品、多くの人に美しさや心地良さ、喜びをもたらす作品、このように「発想」の根本を他の人（第三者）を中心においてください。

すると、形「製品」に結びつく本物の作品ができます。

形「製品」に結びついた作品には、多くの教訓が隠されています。

あとから、結果だけをみれば、何か、簡単にお金になったようにみえます。

そんなことはありません。失敗を重ねた悪戦苦闘の道のりがあります。

その苦闘を支えたのが「算数発明の定石」です。

「算数発明」の世界でも「優しさ」や「思いやり」は、○○の作品が**形「製品」**に結びつくキーワードです。

●「ワインのコルクの栓抜き」の先行技術（先願）を調べよう

それでは、これから、先行技術（先願）の調べ方を一緒に学習しましょう。

そして、形「製品」に結びつく道をさがしましょう。

「科目」を、「ワインのコルクの栓抜き」を改良しよう。……、と決めたら、その次にやっていただきたいことがあります。

過去に、どんな「ワインのコルクの栓抜き」があったか、先行技術（先願）の「情報」を、特許庁の「**特許情報プラットフォーム（J-PlatPat）**」で、調べることです。

つまり、先行技術（先願）の「**情報**」の収集です。

◆「**ワインのコルクの栓抜き**」

「特許情報プラットフォーム（J-PlatPat）」を開いてください。

↓「**簡易検索**」の中の「◎特許・実用新案」を選択してください。

「**検索キーワードボックス**」に、たとえば、「**ワイン　コルク　栓抜き**」と入力します。

「**検索**」をクリックしてください。

↓**検索結果一覧**「**特許・実用新案**（○○）」と件数が表示されます。

↓「**文献番号**」をクリックしてください。

「発明」の「**書誌＋要約＋図面**」が表示されます。

もっと詳しい内容も確認できます。「画面」の下のほうをみてください。

「請求の範囲」、「詳細な説明」、「図面」などが表示されます。

そこをクリックしてください。詳しい内容が確認できます。

なるほど、先行技術（先願）は、簡単に調べられるのですね。

従来の「課題（問題）」、工夫したところ、「発明の効果」などは、「特許願」の「明細書」の形式になっています。

だから、「情報」は、簡単に、内容の整理ができますよ。

5. 最初の「心構え」で、作品の質も高められる

●新しい作品を考えたとき、すぐに、判断を下すことは控えよう

判断は、できるだけたくさんの「情報」を集めたあとにしましょう。

それは、ブレーキとアクセルを同時に踏むようなことになります。

町（個人）の発明家の人が、「まな板の水切り」が簡単にできるように、「**まな板立て**」に関する「情報」をたくさん集めました。

だから、「**まな板立て**」は、自分では素晴らしい作品だ、と思っています。

それで、すぐに、「目標」の第一志望、第二志望の会社に、特許出願中（PAT・P）です。

……、と手紙に書いて、「売り込み（プレゼン）」をしました。

ところが、いい返事ではありませんでした。

ここは、反省するところです。

そのとき、次のプロセスを踏まえたか、チェックしてみましょう。

その中のどれか一つを落としていると、作品が未完成のままだったりすることもあります。

「思いつき」程度の作品でも、それがあたかも、素晴らしい作品のように思い込んでしまうケースがあります。

新しい作品を生むコツは、古い考え方を借りて、それらを「＋（足し算）」したり、修正したりして、それに新しい考えを加えたりすることです。

次のようなプロセスを踏むと効果があります。試してみてください。

□もっと、便利にする

誰でも、毎日の生活の中で、解決したい「課題（問題）」があるでしょう。

新しいことにチャレンジしてみたい「科目」があるでしょう。

だから、暮らしの中で困ったことは、そのままにしないでいただきたいのです。

会社で困っている「課題（問題）」があるハズです。

それを解決して、もっと、便利なものにしてください。

たとえば、廃棄物を加工したりして、人にやさしく、環境にやさしい、他の人（第三者）が喜んでくれる作品を作ることです。

このように、大なり、小なり、その要求がキッカケになります。

その要求が強ければ、強いほど、作品を完成させるためのエネルギーも、大きくなります。

□「情報」を集める

次に、こうした「算数発明」の芽をのばすために、あらゆる方向を調べてください。

その「課題（問題）」に関して、「情報」をたくさん集めてください。

先行技術（先願）の「情報」は、特許庁の「**特許情報プラットフォーム（J-PlatPat）**」で、調べてください。

そして、「算数発明」の「研究」ノートにまとめてください。

それについて、他の人（第三者）と話し合い、質問をして、意見を聞いてみましょう。

すると、自分自身の感覚が敏感になります。

この段階が、一番、苦しいところです。でも、楽しいところでもあります。

そして、悩みと生き甲斐がくりかえし生まれ、エネルギーも、時間も、労力も、一番多く費やすところです。

□「頭（あたま）」、「脳（のう）」を休める

ここでいったん、頭を休めてみましょう。
そして、潜在意識に一働きをしていただきましょう。
そういうときは、たとえば、
▽散歩するのもいいでしょう。
▽昼寝するのもいいでしょう。
▽お風呂に入るのもいいでしょう。
▽神さま、仏さまにお願いするのもいいでしょう。
▽ほかの仕事や趣味にチャレンジするのもいいでしょう。
▽一切を忘れてベッドに入ってもいいでしょう。
準備をしたとき、たくさん集めた知識や体験が、「頭（あたま）」、「脳（のう）」の中で、熟成し、発酵するのを待ってください。

□解決へのヒラメキがやってくる

こうしていると、ある日、突然、インスピレーションがわいてきます。
解決へのヒラメキがやってきます。

ここが、○○の作品を形「製品」にするためのプロセスでクライマックスになるところです。

この瞬間こそ、もっとも、心のときめきがあり「嬉しい」ときです。

□論理的に「検証」する

この「ヒラメキ」というのは、はなやかで素晴らしいものです。

反面、頼りのないものです。そのとき、これを知性と判断力で論理的に「検証」していただきたいのです。

もし、それをしなかったら、「ヒラメキ」は、糸の切れた凧のように飛んでいってしまい、手元にはもどってこないでしょう。

そこで、一歩さがって、できるだけ客観的に観察してみることです。

ここで、すぐれた素晴らしい作品をさらに良いものに練り直す努力も必要です。

そのプロセスで、さらに、いいヒラメキを得ることもあります。

作品を考えて、まとめるときは、必ず、このプロセスをとおしたものでないと、未完成のままで終わってしまうことが多いようです。

そして、このプロセスは、形「製品」に結びつく作品を生むために越えなければならない「大きな波」です。

また、同時に、その作品を「第三者の目」で見て、もっと良いものに練り直す「小さな波」を起こすことを、頭の中でくりかえします。

▽判断は、できるだけたくさんの作品を考えたあとでしてください。

このままでは役に立たない、とはっきりわかるまで価値があるもの、と考えた方がいいと思います。

なぜなら、それを思いついた人が、自分の○○の作品は、すぐれたもの、と思い込んでいるからこそ、形「製品」に結びつくようにまとめられるのです。

大切なのは、その能力を、もっとも能率よく、効果的に働かせるプロセスを、自分なりに確立することですね。

あなたの発想力を「知性の筋肉」と、考えてください。

この筋肉から、最大の力を得るためには、「練習」をすることです。

6.「情報」が集まれば、多くの人に喜んでいただける作品が生まれる

町（個人）の発明家の○○さんは、「科目」をスリッパの向きを気にしなくて、前後両方向から履ける「**両方向から履けるスリッパ**」に決めました。

そのとき、素晴らしい作品ですね。……、といってほめたいです。

ところが、

▽関連の「**情報**」を集めていない。

▽「先行技術（先願）」の「情報」を、特許庁の「**特許情報プラットフォーム**（**J-PlatPat**）」で、調べていない。

こういうときは、一緒にパソコンの画面をみながら、特許庁の「**特許情報プラットフォーム**（**J-PlatPat**）」で、「先行技術（先願）」を調べます。

◆「**両方向から履けるスリッパ**」

「特許情報プラットフォーム（J-PlatPat）」を開いてください。

↓「**簡易検索**」の中の「◎特許・実用新案」を選択してください。

「**検索キーワードボックス**」に、たとえば、「**両方向　スリッパ**」と入力します。

「**検索**」をクリックしてください。

↓**検索結果一覧**「**特許・実用新案**（○○）」と件数が表示されます。

↓「**文献番号**」をクリックしてください。

「発明」の「**書誌**＋**要約**＋**図面**」が表示されます。

もっと詳しい内容も確認できます。「画面」の下のほうをみてください。

「請求の範囲」、「詳細な説明」、「図面」などが表示されます。

そこをクリックしてください。詳しい内容が確認できます。

なるほど、先行技術（先願）は、簡単に調べられるのですね。

従来の「課題（問題）」、工夫したところ、「発明の効果」などは、「特許願」の「明細書」の形式になっています。

だから、「情報」は、簡単に、内容の整理ができますよ。

●同じ種類の商品がなければ、それは、まだ、社会が求めていない

▽量販店や専門店にも売っていないし、本にも書いていない。だから、新しいと思っている。
▽量販店や専門店などにあるのは、ごく一部で過去に市場に出ていたものもある、と思う。
▽社会が求めているものなら、必ず、誰かが先に製造して販売している、と思う。
▽関連した「**情報**」を探して「自分の作品の土台にしよう」と思う。

松下幸之助は、○○は、大衆が求めている商品だ。……、と思っても、すぐには、手をつけなかったそうです。

自分が必要だ、と思うものは、他の人（第三者）も、先に気がつくものです。先に製造したものと同じ種類の商品がなければ、それは、まだ、社会が求めていないからです。

だから、松下幸之助は、手をつけなかったそうです。

先に製造した人がいても、それが売れなくて、姿を消していたとすれば、それをもっと便利だ、といってもらえるように工夫すれば、必ず売れる。

……、といって**二番手発明**に力を入れたそうです。

町（個人）の発明家やお金（資金）がない人は、**一番手発明**をやってはいけないのです。**二番手発明**をやりなさい。いや、本当にいいのは、**一・五番手発明**くらいがいい。

……、といわれています。

「科目」の大小にかかわらず、古今を問わず、商品に結びついている作品は、必ずといっていいほど、**改良発明**です。

それは「**情報**」を集めているから、わかるのです。

しかも、研究を深く、広くやっているからです。

●短時間で思いついた作品は、他の人（第三者）も同じように、短時間で思いつく

短時間で思いついた作品は、他の人（第三者）も同じように、短時間で思いつくものです。

しかも、作品は、思いつきで、**未完成**の状態です。

それを、日本は、「**先願主義**」です。一日も早く、出願をすることが原則です。

……、といって、一日でも、早く特許の出願をしたい、と思ってしまうのです。

「**先願主義**」という、特許法にまどわされています。

発明家の良き相談役として、頼りにされている、一般社団法人 発明学会（会員組織）の仕事は、先行技術（先願）がないか、調べ方を教えることです。

ムダなお金を使わなくても、自分で、出願ができるように教えることです。

一般社団法人 発明学会（会員組織）で、個人指導を受けることもできます。

▽**「発明学校」で、発表「プレゼン」をして、他の人（第三者）のアドバイスを受けよう**

▽**「発明コンクール」に応募しよう**

▽**「一回（一件）・体験相談（面接の相談は、予約が必要）」**

とにかく、あらゆる手段をつくして「情報」を集めることです。

「情報」を整理して、内容をまとめればいいのです。

□返事がこない理由がある

中には、数社に手紙を出したが返事がこない。

……、といって腹を立てる人がいます。

ウーン、……、困りますね。

それは、先行技術（先願）があることを会社の担当者は知っているからです。

それでは、体験学習のために、大企業に手紙を書いてみてください。

次のような返事がきます。

ご苦心の作品をお送りくださいまして、ありがとうございます。

▽**権利がとれた作品だけを検討している**

ただ、当社は、権利がとれた作品だけを形「製品」にできるか検討しています。

それは、お互いの利益をまもるためです。

つきましては、特許などの「知的財産権」の権利がとれたとき、もう一度お申し出くださいますようお願い申し上げます。

すると、町（個人）の発明家は、企業が気に入ってくれた。……、と思うのです。

だから、何とかして権利をとりたい。……、と力が入るのです。

ところが、その真意は違いますよ。

▽すでに、「先行技術（先願）」がある

本当は、すでに、「先行技術（先願）」があります。

だから、採用することはできません。

……、と書いて返事をしたいのです。

だけど、その理由を正直に書いて返事をすると、町（個人）の発明家から、反論の手紙がきます。

そこで、特許などの「知的財産権」の権利がとれたら、もう一度、相談にのりましょう。

……、といった、ていのいいお断わりの手紙を書いているのです。

その証拠に、そういう会社でも、完成度の高い作品を持ち込むと、特許出願中（ＰＡＴ・Ｐ）でも採用してくれています。

このような手紙がきたら、ここで、もう一度、先行技術（先願）の「情報」を、特許庁の「**特許情報プラットフォーム（J-PlatPat）**」で、調べることです。

そして、「長所」、「欠点」をみつけて、なるほど、すごいですね。……、といっていただけるように改良しましょう。

7．こうすれば、あなたの「算数発明」、形「製品」に結びつく

（1）「発明学校」で発表して、多くの人の意見を聞いて、作品を育てよう

●毎月、開校している、「発明学校」で「算数発明」を発表しよう

春・夏・秋・冬、いつの土曜日（または、日曜日）でも、天候に恵まれた日となれば、レジャーを楽しむ人たちは、各地のスポットに列をなします。

ちょうど、そのころ、「東京発明学校（校長 中本繁実）」をはじめ、全国五十数カ所の教室で、「発明学校」が開かれています。

ここには、数十名の町（個人）の発明家が集まります。

参加者は、町（個人）の発明家、家庭の主婦、普通のサラリーマン、ＯＬ、エンジニアなどです。教室では、目を輝かせながら、マイクを握る司会者の一言一句に集中しています。

私たちの生活の周辺には、便利な製品がたくさんあります。

このように便利に使っているつもりの製品にも、１つか、２つ、「欠点」や「不便」があるものです。

機能上の「欠点」や「不便」なところがあったら、そこを改良します。

そして、自慢の作品の試作品を持参します。

町（個人）の発明家が、笑顔で、「発明学校」に、出席しています。

●形「製品」に結びつけるために、意見の交換ができる「発明学校」

手づくりの、○○の作品の「試作品」をつくって持参してくれます。

その「試作品」をみていただきながら、得意になって、作品を発表します。

講師の先生、集まった人たちが、意見を交換しあいます。そして、○○の作品を形「製品」に結びつけるために、積極的に協力しあう学習の場になっています。

▽**「東京発明学校」**

「東京発明学校」は、毎月、第三土曜日、開校しています。事前に発表の申し込みを受けつけています。毎回、10件前後の作品の発明者が順番に発表していきます。

この「発明学校」は、すでに、六十数年の間、運営されています。

その中から、実際に形「製品」に結びついた作品もあります。そうすると、たくさんの町(個人)の発明家が集まってきます。

自然に、中小企業の社長さんも、開発の担当者も、参加してくれるようになりました。

形「製品」に結びつく作品はないですか。……、とスカウトにきてくれるわけです。

●完成度の高い作品にまとめて「トップ賞」をめざそう

一日も早く、作品を形「製品」に結びつけたい、と思っていませんか。

それなら、「発明学校」に参加して、「発表」しましょう。そして、自分の作品を発表してみることです。人の意見を聞いてください。すると、作品のレベルがうんとアップします。

発表した作品に対して、その日、集まった人たちが、どれが、一番、良かったか（!?）みんなで投票して「トップ賞」を決めています。その人には、賞状が授与されます。

初心者は、この「トップ賞」がとれるように、作品の完成度を高めることです。「トップ賞」がとれたら、これで水準までいった、と考えて間違いないでしょう。「トップ賞」をとると、テレビ、新聞、雑誌などで取材されることもあります。

ここまできたら、「発明発表オーディション」で発表することです。「発明学校」で「トップ賞」がとれました。……、と書いて、「目標」の第一志望の会社に、形「製品」に結びつけていただけるように、「売り込み（プレゼン）」に力を入れるのです。

発表して「トップ賞」がとれなかったら、まだ、未完成の状態だ、と思ってください。

そのときは、きっと、くやしいでしょう。……、それは一時のことです。

ここで、一層発想の方向をかえてください。そして、本当に他の人（第三者）のためになっているかどうかを確かめることです。……、満足する結果がでなければ、さらに、改良することです。そして、完成度の高い作品にまとめましょう。

そこで、再度、発表することです。そうすれば「トップ賞」がとれます。

ぜひ、お友達と一緒に参加してください。初参加でも、大歓迎です。会員の参加費（当日会費）は、１回、１５００円くらいです。予約すれば、面接で、個人相談も受けられます。

（２）「発明・アイデアコンクール」に応募しよう

●出願をしてから「発明・アイデアコンクール」に応募しても

各種、「発明・アイデアコンクール」などの応募要項にも、出願してから応募してください。……、と書いているケースもあります。……、これも出願を急ぐ必要はない、と思います。

審査は、外部には公開されません。……、だって、特許に出願して応募したから、……、といって入選するわけではないからです。あくまでも予選会です。

書類を書いておいて、請求されたら、その写しを送ればいいのです。審査会の結果、多くの人が選外になります。落選したとき、とうぜんですが、出願の手数料は戻ってきません。

●作品のレベルが確認できる「発明・アイデアコンクール」

スポーツと同じように、「算数発明」の「発明力」を試すときには、試合に参加してみることが一番です。それが「発明・アイデアコンクール」です。

「発明・アイデアコンクール」で上位に入賞すると「契約金は、10万～１００万円＋ロイヤリティ（特許の実施料）は、２～５％」で、作品が形「製品」に結びつく可能性が出てきます。

メリットの一つは、特許などの出願をしなくても応募ができることです。

書類は、公開しません。入賞したら、出願などを指導してくれます。それから、出願しても遅くないので、何万円もの節約ができます。また、形「製品」になっていない作品なら、他の「発明・アイデアコンクール」に応募したものでも大丈夫です。

審査するのは「算数発明」を求めている協賛会社の社長さん、企画、開発担当者です。

結論が出るのも早いです。会社では、形「製品」にできる作品を熱心に探しています。

みなさんの「算数発明」を形「製品」に結びつけてくれます。

水準以上の作品なら形「製品」に結びつく可能性も大きいです。

（一社）発明学会が主催している「発明・アイデアコンクール」は、作品を形「製品」にできる、町（個人）の発明家の登竜門です。

(3) 手紙で、「目標」の会社に、売り込み「プレゼン」をしよう

手紙の書き方(見本)

○○○○　株式会社
社外発明・アイデア　企画担当者　様

手紙をみていただきましてありがとうございます。


拝　啓　貴社ますますご隆盛のこととお喜び申し上げます。

いつも、御社の製品○○を愛用させていただき、その便利さに感謝しています。

また、御社のホームページに紹介されている、新製品も拝見しています。

さて、私は新しい作品をつくったりすることが趣味です。得意分野は○○です。

今回、図面(説明図)のような形状の盃の、底に小さな孔を開けた盃を考えました。

この盃が形「製品」に結びつく可能性があるかどうか、ご検討をお願いしたくて、突然ですが、手紙をお送りさせていただきます。

作品「盃」の内容を簡単に説明させていただきます。いままで、お酒を飲むときに使う盃の形状は、小さい容器の盃が一般的でした。また、盃の底に小さな孔が開いた盃はありませんでした。

そこで、いままでの盃は、使いやすかったか、何か、問題点がなかったか、要望はなかったか、調べてみました。すると、次のような欠点がありました。

(イ)お酒が飲めない人は、いつまでたっても盃をテーブルの上に置いたままでした。

(ロ)お酒を追加注文していただかないと、お店の売り上げは、少しも上がりません。

(ハ)お酒が弱い人、たくさんの人からお酒をついでいただく人は、飲みすぎたりして、そのすべてを飲めないので、他の容器にお酒を移していました。

(ニ)これは、先方に対して失礼なことでした。

そこで、盃（1）の底の中央に小さな孔（2）を開けました。

その結果、効果がいっぱい生まれました。

(イ)お酒が弱い人、たくさんの人からお酒をついでいただく人は、卓下に別の容器を置いといて相手にわからないように容器の上に盃を持ち、孔をふさいでいた指を外すと他の容器に移すことができます。

（ロ）お酒を飲まないとテーブルの上に置くことができないので、お酒がたくさん売れるようになります。

（ハ）お酒の宴席を盛り上げるための小道具としても盃が使えます。

以上のような盃です。話題になると思います。

すでに、手づくりで、「試作品」をつくり、何カ月も使っています。

友人、家族にも好評を得ています。図面（試作品の写真）を添付いたします。

書類をみていただきたいと思います。

前記の件、ご多忙中大変恐縮ですがよろしくお願い申し上げます。

まずはお願いまで

敬具

「図面説明図」

【図1】

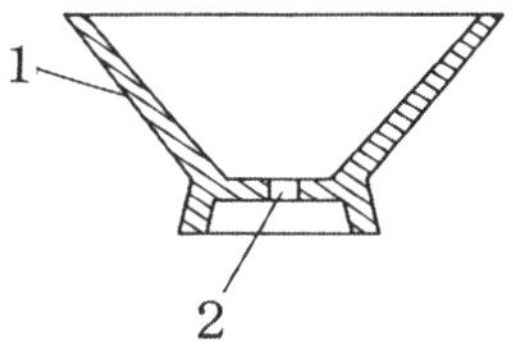

【図2】

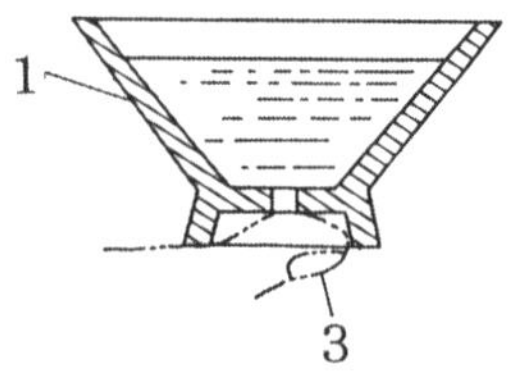

図1は、本発明の断面図です。図2は、本発明の使用状態を示した断面図です。
符号は、１盃、２孔、３指です。

〒
住所（フリガナ）
氏名（フリガナ）　　　　　　（　　歳）
TEL（　　）
FAX（　　）
E-mail

※簡単な自己紹介を書くと効果的です。
担当者も返事がしやすいと思います。

最後までご一読いただきましてありがとうございました。
心から感謝いたします。

（4）契約書（見本）

契約金、ロイヤリティ「特許の実施料」は、どれくらいですか（!?）

これは、作品の内容にもよりますが、平均的にいうと、次のようになります。

□ **契約金**……10万～100万円くらいです。
□ **ロイヤリティ（特許の実施料）**……2～5％くらいです。

本を出版したとき、著作権の印税は、本体価格の5～10パーセントというのが一般的です。あまり欲張らないで、形「製品」に結びつけていただけることに感謝しましょう。

売買の契約は、両方に欲が出るので、立会人に、仲に立っていただいたほうが、話が上手くまとまりやすいようです。それで、一般社団法人 発明学会に仲介の労を頼む人が多いようです。

欲（よく）だけに、よーく考えましょう。

契約書の書き方は、普通の民法によるものと同じです。

では、契約書の書き方の一例を紹介しましょう。形式は、次のとおりです。

書き方は、一般的には横書きです。

読者の方が実際に「契約書」を作成するときは、この契約書（見本）を参考にしてください。

◆契約書（見本）

契　約　書

甲（権利者）○○県○○市○○町○丁目○番○号
○○　○○
乙（使用者）○○県○○市○○町○丁目○番○号
○○○○　株式会社
取締役社長　○○　○○

甲と乙は、次の特許出願中の条項について一般社団法人 発明学会立会のもとに専用実施権の設定契約をする。

第一条　甲と乙は、次の特許願について契約をする。
特願○○○○-○○○○○号　　発明の名称　○○○○
第二条　専用実施権及び権利発生後の専用実施権の範囲は次の通りとする。
期間　契約の日より権利存続中
内容　全範囲　　地域　国内
第三条　乙は、この本契約について、質権を設定し又は他人に実施を設定してはならない。
ただし、甲乙協議によって実施者を設定することができる。
第四条　乙は、自己の費用をもって権利発生後の専用実施権設定登録の手続をすることができる。
第五条　この契約によって乙は甲に対し、実施契約金として○○万円、実施料として卸し価格の○％の使用料を支払うものとする。
第六条　前条の使用料は経済事情その他に著しい変動が生じたときは、甲乙協議の上でこれを変動することができる。
協議がととのわないときは、立会人 一般社団法人 発明学会の意見にしたがう。
すでに支払われた実施契約金及び使用料は理由のいかんを問わず甲は乙に返還し

ない。

第七条　使用料の支払は、毎月○日締切りとし、翌月○日までに、甲の指定する金融機関○○銀行 ○○支店　普通預金口座 ○○○○（口座番号 ○○○○）に振り込み、全額支払いをする。

第八条　甲は、一般社団法人 発明学会を通じて必要に応じて乙からこの本契約の実施の状況、その他の必要な事項についてその報告を求めることができる。

第九条　乙は、契約の日より1年以内に製造販売し、また、特別の事情がない限り1年以上にわたり製造を中止してはならない。

第十条　この本契約については虚偽の報告その他不法行為等があったときは、甲は損害賠償の請求をすることができる。

第十一条　第二条、第三条、第五条より第十条について、乙又は甲が違反した場合立会人一般社団法人 発明学会の了解のもとにこの契約を解除することができる。

第十二条　その他細則については、そのつど書面で定める。

以上の契約を証するため、本書３通を作成し署名捺印の上各自その1通を所持する。

令和○年○月○日

甲　○○県○○市○○町○丁目○番○号
○○　○○　（印）

乙　○○県○○市○○町○丁目○番○号
○○○○　株式会社
取締役社長　○○　○○　（印）

立会人　東京都新宿区余丁町7番1号
一般社団法人 発明学会
会長　中本　繁実　（印）

契約おめでとうございます。
応援してくれた人に心から感謝しましょう。
美味しいお酒で乾杯しましょう。その日を楽しみにしています。

あとがき〔筆者から贈る大事なお便り〕

◆私（中本）があなたの作品をみてあげましょう

本書をお読みになったあなたは、素晴らしい作品、しかも、形「製品」に結びつく作品が考えられるようになったと思います。

本当に作品が形「製品」に結びつきそうで、ワクワク、ドキドキしてきたでしょう。

▽「情報」を集めましょう。

▽「情報」が集まれば、どうにかできます。

▽「情報」は、作品に関連した専門店や量販店、デパート、スーパーの商品の市場調査をかねて、売り場を探訪してください。自然に集まります。

▽**先行技術（先願）**の「情報」は、特許庁の「**特許情報プラットフォーム（J-PlatPat）**」で、調べることができます。

思いついた作品を一日も早く形「製品」に結びつくように、魅力がある作品にまとめましょう。

先行技術（先願）があることを知らないで、そのまま続けると、大切なお金のムダ遣いをしてしまいます。

そこで、まずは、出願できるように書類にまとめることです。しかし、特許に出願するにはお金がかかります。自分で書いても特許印紙代の1万4000円はかかります。

また、プロに頼んで、試作代、先行技術（先願）の調査料、出願料などの費用を30万円も、50万円も、使ったからといって、誰も「**商品化のパスポート**」を発行してくれるわけではありませんよ。

だから、その前に、○○の作品は、特許出願中（PAT・P）です。……、と書いて、「目標」の第一志望、第二志望の会社に、手紙で「売り込み（プレゼン）」をすることです。

形「製品」に結びつく可能性があれば返事は早いです。

お互いに信頼して「売り込み（プレゼン）」をすることです。

発明者も「**会社**」の担当者を信頼してください。

「**会社**」の担当者も、発明家の信頼にこたえてあげてください。

いい返事が返ってくるように、魅力がある作品にまとめましょう。

同時に、形「製品」に結びつく可能性のチェックもできます。

そのとき、素晴らしい作品を盗用されたらどうしよう、と心配な人は、いつ（○年○月○日に）○○の作品を創作したのか、作品のセールスポイントや図面（説明図）、イラスト、形「製品」に結びついたときのイメージ図などを描いて、その内容の事実を随時残しておいていただきたいのです。たとえば「公証役場」も利用できます。「郵便切手の日付の消印」を利用するのもいいでしょう。

形「製品」に結びつくためには、ステップがあります。

初心者は「**出願（特許出願中）**＝**商品**」をめざしましょう。

私が四十数年間で、指導した件数は、数万件です。

それをもとに、読者のみなさんが短期間で、リッチな「**発明ライフ**」が楽しめるように、まず、作品の「売り込み（プレゼン）」の手紙の書き方などのアドバイスをさせてください。
○○の作品の内容が特許になるのか、などを教授させてください。
余談ですが、自分のために、貴重な時間を作っていただき申し訳ない、といって、その地方の美味しいお菓子を持参してくれる人もいます。心遣い嬉しいですよね。

私は、洒落も大好きです。お酒も大好きです。

本書を読んだと、この本の書名を書いて、出願の書類の形式にまとめた、説明書と図面（説明図）をお送りください。

整理がしやすいように、用紙はA4サイズの大きさの白紙を使用し、ワープロ、または、ていねいな字で書いて、原稿は必ず写し（コピー）を送ってください。

また、返信用（切手を貼付、郵便番号、住所、氏名を書いてください）の定形外の封筒、または、「あて名を印刷したシール」も一緒に送ってください。

相談「一回（一件）・体験相談」の諸費用は、返信用とは別に、一件、84円切手×8枚です。これは、読者の皆様へのサービスです。

「一回（一件）・体験面接相談」（予約が必要）を希望されるときは、相談に来られる前にあなたの作品に関連した「**情報**」を集めてください。

関連した「情報」は、**USBメモリー**に保存しておいてください。

それを、相談のときに、ご持参ください。

〒162-0055 東京都新宿区余丁町7番1号

一般社団法人 発明学会 気付 中本 繁実あて

最後に、本書を出版するにあたり、誰にでもわかりやすくまとめるためのご助言をいただきました、門下生のみなさんに、深く感謝いたします。

また、読者の皆様、貴重な時間を使って、本書を最後まで読んでいただきましてありがとうございました。心よりお礼申し上げます。

《著者略歴》

中本繁実（なかもと・しげみ）

1953年（昭和28年）長崎県西海市大瀬戸町生まれ。

長崎工業高校卒、工学院大学工学部卒。1979年社団法人発明学会に入社し、現在は、会長。発明配達人として、講演、著作、テレビなどで「わかりやすい知的財産権の取り方・生かし方」、「わかりやすい特許出願書類の書き方」など、発明を企業に結びつけて製品化するための指導を行なっている。初心者のかくれたアイデアを引き出し、たくみな図解力、軽妙洒脱な話力により、知的財産立国を目指す日本の発明最前線で活躍中。わかりやすい解説には定評がある。

座をなごませる進行役として、恋愛などのたとえばなし、言葉遊び（ダジャレ）を多用し、学生、受講生の意欲をたくみに引き出す講師（教師）として活躍している。洒落も、お酒も大好き。数多くの個人発明家に、成功ノウハウを伝授。発明・アイデアの指導の実績も豊富。

東京発明学校校長、家では、非常勤お父さん。

著作家、出版プロデューサー、1級テクニカルイラストレーション技能士、職業訓練指導員。

著書に「発明・アイデアの楽しみ方」（中央経済社）、「はじめて学ぶ知的財産権」（工学図書）、「発明に恋して一攫千金」（はまの出版）、「発明のすすめ」（勉誠出版）、「これでわかる立体図の描き方」（パワー社）、「誰にでもなれる発明お金持ち入門」（実業之日本社）、「はじめの一歩　一人で特許（実用新案・意匠・商標）の手続きをするならこの1冊　改訂版」（自由国民社）、「特許出願かんたん教科書」（中央経済社）、「発明で一攫千金」(宝島社)、「発明・特許への招待」、「やさしい発明ビジネス入門」、「まねされない地域・企業のブランド戦略」、「発明魂」、「知的財産権は誰でもとれる」、「環境衛生工学の実践」、「発明！ヒット商品の開発」、「企業が求める発明・アイデアがよくわかる本」、「こうすれば発明・アイデアで一攫千金も夢じゃない！」、「おうち時間楽しく過ごしてお金を稼ごう！」（日本地域社会研究所）など多数。

監修に「面白いほどよくわかる発明の世界史」（日本文芸社）、「売れるネーミングの商標出願法」「誰でも、上手にイラストが描ける！ 基礎のコツ」（日本地域社会研究所）」などがある。

監修／テキストの執筆に、がくぶん「アイデア商品開発講座（通信教育）」テキスト6冊がある。

簡単《かんたん》な「算数発明《さんすうはつめい》」で、あなたの経済《けいざい》をラクにする！

2023年7月25日　第1刷発行

著　者　中本繁実《なかもとしげみ》
発行者　落合英秋
発行所　株式会社 日本地域社会研究所
〒167-0043　東京都杉並区上荻 1-25-1
TEL　(03) 5397-1231（代表）
FAX　(03) 5397-1237
メールアドレス　tps@n-chiken.com
ホームページ　http://www.n-chiken.com
郵便振替口座　00150-1-41143
印刷所　中央精版印刷株式会社

ISBN978-4-89022-302-2